정의를 위한 울부짖음

[테러리즘 시대에 자비와 복수에 대해
시편은 우리에게 무엇을 가르치고 있는가]

Crying for Justice

What the PSALMS teach us about
MERCY and VENGEANCE in an age of TERRORISM

copyright ⓒ 2005 by John N. Day
Translated by permission
All right reserved

Korean copyright ⓒ 2008
by mission Torch publishers

이 책의 한국어판 저작권은 저작권자와의 독점적인 계약에 의해
도서출판 선교횃불에 있습니다.
저작권법에 의해 한국내에서 보호를 받는 저작물이므로
무단전재와 무단복제를 금합니다.

정의를 위한 울부짖음

[테러리즘 시대에 자비와 복수에 대해
시편은 우리에게 무엇을 가르치고 있는가]

존 N. 데이 지음 • 송순열 옮김

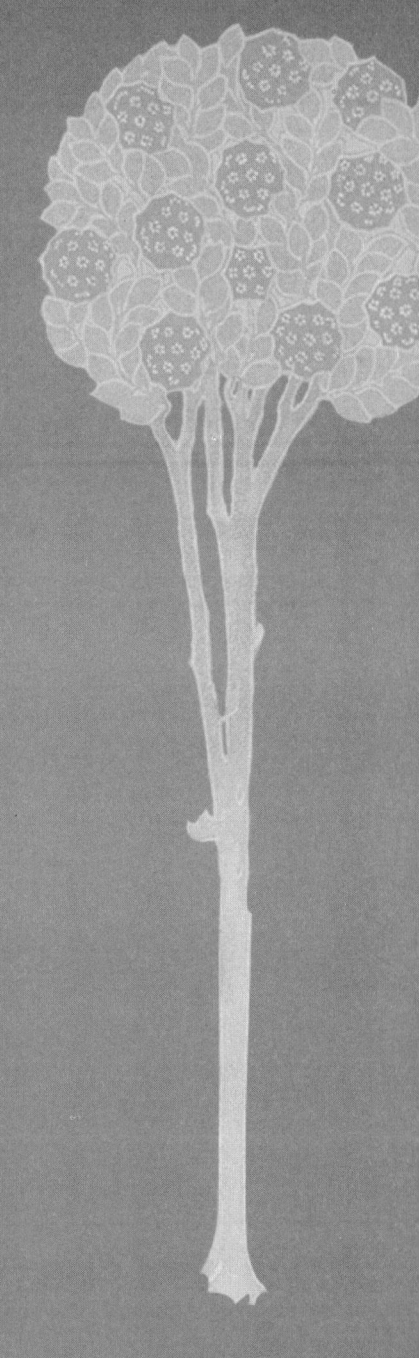

내 사랑하는 아내 로리에게
"아름다운 형상: 하나님을 위해 뛰는 가슴."

차례 CONTENT

서 론: 문제를 직면하며 ● 6

1부: 동시대적 해결방법과 고대의 컨텍스트 ● 23
    1장 불만족스러운 해결 _ 24
    2장 문화적 상황에서의 저주 _ 52

2부 : 잔혹성을 담은 세 개의 시편 ● 69
    3장 혈욕 : 시편 58 _ 70
    4장 메어쳐지는 아기 : 시편 137 _ 90
    5장 부정한 탄원 : 시편 109 _ 108

3부 : 신약성경과의 충돌 ● 125
    6장 분명한 대비 _ 126
    7장 숯불 덩어리 _ 142
    8장 신약성경의 저주 _ 154

결 론 ● 170

❖ 서론

문제를 직면하며

그 날 아침 세상은 바뀌었다. 2001년 9월 11일, 정기 여객기 두 대가 뉴욕시에 있는 세계무역센터와 워싱턴 D.C.의 미국 국방성 건물로 날아들었다. 서구인들은 특정한 목적을 가진 적(敵)이 헌신적으로 몸을 바쳐 수천 명의 목숨을 순간에 앗아갈 수 있음을 목격하는 끔찍한 경험을 했다.

특히 크리스천들은 더욱 더 당황했다. 항상 안전지대에 살고 있다고 당연하게 생각하는 유럽이나 북미지역의 현대 크리스천을 향한 적개심임이 명백했기 때문이다. 인터넷과 대중매체는 서구 크리스천들에게 세상 저편에 적 그리스도인이 오랫동안 살고 있었음을 더욱 생생하게 확인시켜 주었다. 그러나 서구 크리스천들은 폭력적이고 적의 있는 얼굴을 좀처럼 적나라하게 보려 하지 않았다. 이번 경험은 기독교인들이 원수에 대한 대응으로서 사랑과 친절을 어떻게 실천해야 하는가에 대한 심도 깊은 토론의 장으로 이끌었다.

과연 성경은 전통적인 크리스천의 '사랑의 윤리'에 대해 어떻게 말하고 있는가? 정부를 포함한 개인과 단체들은 적들의 파괴적인 행동에 대해 혐오감을 표하며 보복해야 할 것을 말한다.

그러나 과연 이러한 보복적 표현을 넘어 '다른 뺨도 돌려주는' 신앙적 대응을 할 수는 없는 것일까? 하나님과 그의 백성을 대적하는 악한 의도를 가진 사람들과 더불어 살고 있는 상황에서 크리스천의 대응은 어떠해야 하는가? '저주해야 할 때' 라는 것이 과연 있는 것인가?[1]

성경에는 어두움, 혼란, 불편함에 대한 또 다른 표현이 많이 있다. 그 표현들은 놀랍게도 기독교나 유대교의 찬송이나 기도문에 있는 수많은 시편들에서 명백히 볼 수 있다. 시편은 놀랍게도 복수를 위한 저주와 울부짖음, 즉 저주 탄원시들을 담고 있다.[2] 성경신학 분야에서는 크리스천 양심에 대해서 더욱 더 고심하는 본문을 하나님의 정의로운 복수가 적에게 내려지는 염원을 선포하는 저주시편 이외에서 찾아내기 힘들다. 그러나 그 시편들은 '그리스도의 법' 으로 양육된 크리스천들에게는 당연히 혐오적인 반응을 일으킨다.

저주시편의 문제는 특히 이런 '저주들' 을 곧바로 하나님의 말씀으로 보는 사람들이 있다는 것이다. 이런 시편에 담긴 악의는 박해의 손길이 상대적으로 사라져가는 서구의 현대 독자층의 감수성을 거슬리게 자극한

---

1) 전 3:1-8
2) '저주하는 것' 과 '복수를 울부짖는 것' 은 저주시편의 특징적인 면이다. 칼 레니(J.Carl Laney)는 넓은 의미에서 '저주' 는 심판이나 재난 혹은 원수에 대한 저주, 혹은 하나님에 대한 원수들에 대한 탄원을 의미한다고 정의한다 J. Carl Laney, "A Fresh Look at the Imprecatory Psalms," *Bibliotheca Sacea* 138(1981): 35. 부르지만(W. Brueggemann)은 '복수를 열망하는것' 이라는 개념을 사용한다. Walter Brueggemann, *Praying the Psalms* (Winona, Minn.: Saint Mary's, 1986), 57.

다. 그리스도를 따르는 자들은 "원수를 사랑하기 위해"(마 5:44), "저주가 아닌 복을 빌어주기 위해"(롬 12:14) 부름 받은 자들이 아닌가? 그런데 어떻게 성경이 "어린아이를 메어치고"(시 137:9), "악인의 피에 발을 씻으며"(58:10), 또 범죄자의 후세대들에 대한 저주(109:10-15)를 당연한 것으로 여길 수 있을까?[3]

저주시편들은 별 의미 없는, 단지 분노의 분출구일 뿐인가? 원수를 사랑하는 것이 신약의 방식이라면 원수를 저주하는 것이 구약의 방식이라 할 것인가? 성경의 도덕성은 진화되어온 것인가? 크리스천의 삶과 예배 속에 이러한 시편들이 정당하게 사용될 수 있는가?

저주시편에 대한 현대적 해석과 성서신학에 연관된 문제점은 '신약시대의 신앙인'이라는 데 있다. 이 해석들은 대부분 엉성하고, 제안된 해결책들은 신학적으로 부적합하다.[4] 만족스럽지는 않지만 저주시편들은 세 가지로 설명할 수 있다: (1) 억눌렸거나 악한 감정을 표현하는 것[5], (2) 교회의 새 계약과 불일치하는 옛 계약의 도덕성[6] (3) 그리스도와 제자들의

---

[3] 군켈(Hermann Gunkel)은 "구약성경은 더 이상 진실한 종교나 도덕성을 안전하게 인도하는 교과서가 아니다"라고 말한다 Hermann Gunkel, *What Remains of the Old Testament and Other Essays*, trans. A.K. Dallas (London: Allen& Unwin, 1928), 16.

[4] 여기에 대해서는 2장에서 자세히 다루게 된다.

[5] 예를 들면 C. S. Lewis, *Reflections on the Psalms*(New York: Harcourt, Brace and Co., 1958); C. S. Lewis, *Christian Reflections*, ed. Water Hooper (Grand Rapid: Eerdmans, 1967); Walter Brueggemann, *Massage of the Psalms: A Theological Commentary* (Minneapolis: Augsburg 1984); Walter Brueggemann, *Praying the Psalms*.

[6] Carl Laney, "A Fresh Look at the Imprecatory Psalms," 35-45; Meredith G. Kline, *The Structure of Biblical Authority* (Grand Rapids: Eerdmans, 1972)

입을 통해 표현된 말씀[7]이다.

이와 대조적으로, 나는 저주시에 대해 신약시대의 교회에 더 적절한 해석을 추구하도록 제시하려 한다. 첫째로, 이러한 시편은 그 뿌리가 오경(토라)에 있는 저주신학에 근거하고 있다는 점이다. 하나님의 복수를 울부짖는 정당성은 모세의 노래(신 32), 탈리오법칙(lex talionis) (신 19), 그리고 하나님의 그의 백성과의 약속(창 12)에 강력하게 근거한다는 것이다. 둘째로, 이 신학은 오늘날 신앙인들의 버팀목으로서 신약의 마지막 책(계 6:10; 18:20)에 이르기까지 필수적으로 동반되어왔다. 구약과 신약의 몇몇 구절들은 저주시편의 울부짖음과 상반되어 나타나지만, 그러나 성경 전반의 텍스트들은 정의를 갈구하는 하나님 백성의 의라는 것을 확신한다.

성경 전반을 통해 '사랑'과 '저주'는 조화로운 긴장관계가 유지되어야 하고, 하나님의 백성들은 그들 삶의 모든 영역에서 이 둘의 관련성에 대해 씨름해야 한다. 하나님의 본질이 변하는 것이 아니기 때문에 윤리적 요구의 본질 또한 변하지 않는다. 그러므로 저주시편이 화육 이전 시대 신앙인들에게 사용되는 것이 적합했다면, 오늘날의 신앙인에 의해 때때로 사용되는 것도 적절하다. 즉 명백하고 일시적인 신의 심판을 요청해야

---

[7] James E. Adams, *War Psalms of the Prince of Peace: Lessons from the Imprecatory Psalms* (Phillisburg, N.J.: Presbyterian & Reformed, 1991); Dietrich Bonhoeffer, "A Bonhoeffer Sermon," trans. Daniel Bloesch, ed F. Burton Nelson, *Theology Today* 38 (1982): 465-71.; idem, *Psalms: The Prayer Book of the Bible*, trans. James H. Burtness (Minneapolis: Augsburg, 1970)

할 '때와 장소'가 있는 것이다; 실제로 '저주할 때' 가 있는 것이다.

정의를 위한 때

복수의 흔적

신적 복수(divine vengeance)는 일차적으로 신에게 오점이 있는가라는 논쟁을 불러일으킨다. 왜냐하면 신적 복수에 대한 약속이 대부분 시편 저자들의 저주에 대한 울부짖는 소리에 근거하여 형성되었고, 부분적으로는 복수 개념 그 자체이기 때문이다. 현대인들의 귀에 들려지는 복수라는 단어는 적의와 보복을 상상하게 한다. 그것은 본질상 부정적이고 심지어 죄라는 언어 외적 의미까지 함축하고 있다. 이러한 견지에서 볼 때, 복수란 그것이 인간이든 신이든 덕이라는 개념으로 해석될 여지는 없다. 그러나 고대 이스라엘 백성과 성경을 통해 보면 복수라는 개념은 정의의 요청과 묶여 있다.[8] 정의가 짓밟혀진 곳에서 복수는 요청된다.[9] 성경에 표현된 것처럼 하나님의 복수는 그의 특징인 정의와 거룩함으로 표현되고, 세상을 통치하려는 그의 주장으로 표명된다.[10] 실제로 성경은 야훼를 단지

---

8) H. G. L. Peels는 보복에 대한 성서적 개념은 "합법성, 정의, 합법적인 권위로부터의 정당한 집행 등으로 규정 된다"고 한다. H. G. L. Peels, *The Vengeance of God: The Meaning of the Root NQM and the Function of the NQM-Text in the context fo Divner Revelation in the Old Testament*, Oudtestamentische Studien, ed, A.S. Van der Woude (Leiden: E. J. Grill, 1995) 31:265
9) '복수' 와 '보답' 은 짝이 되어 많이 등장한다(사 34:8; 35:4)
10) 신 32:34-43; 시편 58:10-11; 94:1-2; 시 34:1-2; 59:15-20; 눅 18:1-8; 계 6:10; 16:5-7; 18:4-8; 19:1-2

전사로서만 아니라 또한 심판자요 왕으로도 확실히 선포하고 있다. 필즈 (H. G. L. Peels)는 이렇게 이야기 한다.

만일 하나님이 스스로 복수하는 왕이라면, 포악한 변덕쟁이, 혹은 분출된 증오와 같은 고약한 직설적 유머로 더 이상 표현될 수 없다. 하나님의 복수는 왕으로서의 복수이다. 만일 하나님이 복수를 택한다면 정의의 심판에 대해 가장 높은 권위를 행하는 것이다. 하나님의 복수는 그의 군주적 통치를 실현시키는 왕으로서의 하나님의 행위이다. 이 행위는 그의 영광과 그의 의, 그의 백성들을 대항하는 도전을 통해 하나님의 전능하심을 거스르는 자들에게 향해 있다.[11]

더군다나 하나님의 복수는 그의 사랑-친절(loving-kindness)과 뗄 수 없이 연결된다.[12] 그의 복수는 그의 연민의 또 다른 면이며, 그의 자비의 '어두운 면' 이다.[13] 성경은 하나님이 공평하신 존재임과 동시에, 또한 역사적으로는 그의 백성들을 위해 열정적이고 결정적으로 그들 편에 서시는 분임을 확고히 한다[14]. 만일 하나님이 그의 백성을 죄와 억압, 그리고 불의로부터 구하려 한다면, 그는 그의 적, 그의 백성들의 적을 향해 가차 없이 복수를 내려야 한다.

---

11) H. G. S. Peels, *The Vengeance of God*, 31:278.
12) 히브리어의 사랑(hesed)는 현대에서 쓰이는 개념보다 더 광범위한 개념을 가지고 있다.
13) Walter Brueggemann, *Praying the Psalms.*, 62.
14) 이러한 결과는 마지막 날에 하나님의 완전함이 이루어진다는 것과 연결되어 있다.

신적 복수에 대한 이러한 이해는 예를 들어 야훼께서 에돔[15]을 향해 복수를 행한 경우에서 형성된 것이다. 이사야서에는 복수의 용어가 살육과 제물, 거룩한 전쟁[16] 그리고 질투의 분노[17]같은 폭력적 언어로 묘사된다. 결과적으로 복수의 이미지는 피같이 소름끼치는 이미지이다: "야훼의 칼은 피에 만족하고 기름에 윤택하고"(사 34:6). 그러나 이방 족속과 피에 굶주린 신들을 격하시킨 야훼가 이 폭력의 공인된 목적이 악한 자를 대항하는 것: "시온을 위해 싸우는 것"(사 34:8)으로 이사야서는 경고한다. 이사야는 악한 자에 대항하여 해골을 일으키는 구원자의 천국을 바로 다음 장에서 반복적으로 언급 한다: "보라 너희 하나님이 오사 보복하시며 갚아 주실 것이라 하나님이 오사 너희를 구하시리라 하라"(사 35:4; 참조; 63:3-4, 강조가 추가됨). 야훼는 그의 백성을 구원하신 하나님이다; 적에게 대한 하나님의 복수가 없이는 그의 백성을 위한 구원도 있을 수 없다.

레이몬드 스왈츠바크(Raymond Swartzbach)는 신적복수에 대한 의미를 확실히 이해하지 못한다면 "기독교의 하나님의 속성에 대해 이해할 방법이 없다. 왜냐하면 우리는 하나님의 '저주' 와 '보복'에 대해 반영된 이해 없이 '사랑' 과 '정의' 를 말할 수 없기 때문이다"라고 주장한다.[18] 한스 요아킴 크

---

15) 에돔은 이사야 34에서 인용된 이스라엘의 원수국으로 예시된 유형적인 국가이다
16) 이사야 34:2, 5을 보라
17) 이사야 34:8을 보라
18) Raymond H. Swartzback, "A Biblical Study of the Word 'Vengeance'", *Interpretation 6* (1952): 457; Elmer B. Smick, 'בָּקַם bakam", *Theological Wordbook of the Old Testament*, ed R. Laird Harris et al. (Chicago: Moody, 1980), 2:599. 이후로는 TWOT로 사용.

라우스(Hans Joachim Kraus)도 또한 이 점을 거듭 강조한다.

이스라엘의 희망을 위한 '복수'는 적국의 멸시와 조롱에 응답하는 하나님의 심판이다. 그 기도는 야훼가 그의 적들을 자유롭게 놔두지 않을 것이며 그들의 분노가 보복되지 않도록 만들고, 야훼가 그의 힘을 온 세상 나라들에 확실히 나타내 줄 것을 염원한다. 구약만 아니라 신약성경에서도 한 가지 확실한 것은, 보복의 이상적인 영역이라는 것은 불가시적인 곳에서도 찾을 수 없으나, 그러나 이 세상 현실 속에 실재한다는 것이다. 그렇기 때문에 복수를 위한 울부짖음이 터져 나오고, 하나님의 백성에 대한 참을 수 없는 고통과 고문을 목전에 둔 하나님의 심판이 요한계시록(6:10)에 이르기까지 나오는 것이다. 따라서 사랑과 복수를 정 반대 의미로 놓는 것은 성경의 진리에 대한 몰이해라 할 수 있다.[19]

그러나 아직 물어지지 않은 질문이 있는데 즉 저주시편에 담겨 있는 하나님의 복수와 폭력을 위한 울부짖음이 크리스천들에게 옳은 것이 될 수 있느냐는 것이다. 이 질문에 대한 네 가지 성경적 관점이 있다.

첫째, 그 복수는 개인적인 보복으로 나타나지 않는다는 것이다. 오히려 하나님이 복수자로 초청된다는 것이다.

둘째, 이 복수는 하나님의 계약된 약속[20] "너희를 저주하는 자를 내가

---

19) Hans-Joachim Kraus, *Theology of the Psalms*, trans. K. Crim (Minneapolis: Augsburg, 1986), 67.

저주하겠다"(창 12:3), "복수는 나의 것, 내가 갚아 줄 것이다"(신 32:35)에 근거한다는 것이다. 만일 하나님이 그렇게 약속했다면 하나님의 백성들을 위해 이 약속을 성취시키기 위하여 그를 초청하는 것이 잘못된 것으로 보이지 않는다는 것이다.[21]

셋째, 신구약 모두 복수를 위한 저주와 울부짖음을 땅 위에 부르는 하나님 백성들의 예를 기록하고 있다는 것이다. 그러나 그렇게 울부짖는 정서에 대해 신이 거부했다는 문학적 혹은 신학적 표현은 아직 없다. 실제로 그러한 저주의 언급은 적절한 곳에서 표현된다(저주시편이나 바울과 베드로의 저주, 갈 1:8-9과 행 8:20).

넷째, 더 나아가 성경은 하늘에 있는 죄 없는 하나님 백성이 신적복수를 위해 울부짖고, 또한 임박한 심판에 대한 확신으로 위로받는 것을 기록한다(계6:9-11). 이 순교당한 성자들이 완전해지는 때, 그들의 탄원도 아마 '옳은 것'이 되었을 것이다.

극단적 윤리

이와 같이 성경을 통해 보면 '사랑과 축복'이 신앙인의 윤리적 특성인

---

20) Raymond F. Surburg, "The Interpretation on the Imprecatory Psalms," *Springfielder* 39 (1975):99.
21) Robert Dabney, "The Christian's Duty Towards His Enemies," in *Discussions by Robert L. Dabney*, ed C. R. Vaughan (Richmond: Presbyterian Committee of Publication, 1980) 1:175; J. W. Beardslee, "Imprecatory Element in the Psalms," *Presbyterian and Reformed Review* 8 (1987):504.

데 반해, '저주와 신적복수의 요청'이 신앙인의 극단적 윤리 즉 사기, 폭력, 부도덕, 그리고 부정으로 굳어진 극단적 상황에 합법적으로 쓰여진 극단적 윤리인 것이다. 크리스천들은 계속적으로 화해를 추구해야 하고 하나님의 행하신 바를 따라 고통, 용서, 친절[22]을 계속적으로 실천해야 한다. 하나님께서 직접 개입하시든지(롬 12:19)[23] 혹은 그의 대리자(특히 국가와 사법제도 롬 13:4[24])를 통해서든지 거기에서 바로 정의가 실행된다.

실제로 성경에서 하나님, 그리스도 그리고 하나님 백성의 패턴을 살펴보면 적개심이 나타나는 두 가지 대응적 모습을 볼 수 있는데, 그 하나는 거룩한 크리스천의 삶을 바탕으로 한 대응의 모습들이고, 다른 하나는 정반대의 극단적인 모습들을 보여준다.

성경에서 하나님의 행위는 오랜 고통으로 인한 자비의 모습으로 묘사된다. 그러나 마침내 심판의 때는 도달한다. 가나안 거주자들은 심판이 정해진지 4백년이 지나 "죄악이 가득 찼을 때"(창 15:16)까지 연장된 은혜를

---

22) 그 대표적인 예는 마 5:44-45와 눅 6:35-36절 "나는 너희에게 이르노니 너희 원수를 사랑하며 너희를 박해하는 자를 위하여 기도하라. 이같이 한 즉 하늘에 계신 너희 아버지의 아들이 되리니 이는 하나님이 그 해를 악인과 선인에게 비추시며 비를 의로운 자와 불의한 자에게 내려주심이라" 이다.
23) "내 사랑하는 자들아 너희가 친히 원수를 갚지 말고 하나님의 진노하심에 맡기라 기록되었으되 원수 갚는 것이 내게 있으니 내가 갚으리라고 주께서 말씀하시니라."
24) "그는 하나님의 사역자가 되어 네게 선을 베푸는 자니라 그러나 네가 악을 행하거든 두려워하라 그가 공연히 칼을 가지지 아니하였으니 곧 하나님의 사역자가 되어 악을 행하는 자에게 진노하심을 따라 보응하는 자니라." 이 말씀은 레위기 19:18절 "원수를 갚지 말며 동포를 원망하지 말며 네 이웃 사랑하기를 네 자신과 같이 사랑하라"와 로마서 12장 19-20 "내 사랑하는 자들아 너희가 친히 원수를 갚지 말고 하나님의 진노하심에 맡기라 기록되었으되 원수 갚는 것이 내게 있으니 내가 갚으리라고 주께서 말씀하시니라"는 말씀과 상통한다.

경험했다. 그러나 결국 출애굽의 이스라엘 백성들도 배신과 불신앙을 거듭한 끝에 결국은 약속의 땅으로부터 제외되었다(민 14).[25] 출애굽의 세대는 이백년간의 하나님의 인내가 은총의 손길에서 놓여나고, 이스라엘이 저지른 대로 정의가 주어졌을 때 자신들의 삶이 어떠했는가를 알게 되었다(호세아).[26] 오랜 고통을 감내하는 하나님의 자비가 있었지만, 또한 심판도 있었다. 출애굽기 34:6-70에 하나님의 초월적 계시 속에 나타나는 이 둘의 균형을 주목하고 있다.[27]

그리스도의 경우도 반복되는 은혜의 패턴을 보여준다. 그러나 심판의 때도 표현된다.[28] 성경의 마지막 책에서 하나님과 그리스도가 신성한 복수자로 나타난다(계 6:9-17; 18:21-19:2; 19:11-16).[29] 포도가 하나님의 진노의 포도틀 속으로 짓뭉개져 들어간 후에(계 14:19-20), 하늘의 성자들이 '모세의 노래'와 '양의 노래'(계 15:3-4)를 부른다.[30] "네 원수를 사랑하라" 말씀하신 바로 그 그리스도가 그 원수를 파멸시키기 위해 복수의

---

25) 민 14:22-23을 보라.
26) 200여 년간 여로보암에 의해 세워진 황금소를 섬기는 것을 참으신 후에(왕상 12:26-13:2), 또한 아합에 의해 바알을 섬기고 야합하는 것을 참으신 후에(왕상 16:33-33) 하나님은 호세아를 통해 "더 이상 안 된다" 하시며 "원수가 독수리처럼 여호와의 집에 덮치리니 이는 그들이 내 언약을 어기며 내 율법을 범함이로다"(호 8:1) 그리고 9장 7절에 형벌의 날이 이르렀음을 그리고 보응의 날이 온 것을 이스라엘에게 알린다. 하나님은 그들에게 "너희는 내 백성이 아니요 나는 너희 하나님이 되지 아니할 것임이니라"(아 1:6)고 선언한다. 이러한 예는 예 7:16; 11:14; 14:11에도 나타난다.
27) 출 34:6-7. "여호와께서 그의 앞으로 지나시며 선포하시되 여호와라 자비롭고 은혜롭고 노하기를 더디하고 인자와 진실이 많은 하나님이라. 인자를 천대까지 베풀며 악과 과실과 죄를 용서하리라 그러나 벌을 면제하지는 아니하고 아버지의 악행을 자손 삼사 대까지 보응하리라."
28) 히 12:2-3과 막 11:12-21을 보라.
30) 필자는 여기에서 "모세의 노래" - "하나님의 보복의 노래"와 "양의 노래"를 같은 의미로 본다.

날에 돌아온다는 것이다.

이렇게 하나님 백성의 패턴도 은혜라는 도식 안에서 반복적인 경험을 한다. 그러나 거기도 역시 심판이 임해져야 하고(저주의 소리), 그리고 의가 성취되는 것을 보며 즐거워할 것이다(시 58:10-11; 계 18:20).

이슈를 제기하며

가장 필요로 하는 것

최근 자주 발생되는 테러리즘과 교회를 향한 지속적인 박해는 부정할 수 없는 현실이다. 아직도 교회는 저주를 실제 적용하기 꺼리는 경향이 있다. 크리스천 윤리라는 컨텍스트 속에서 저주를 적절하게 사용하기 위해서는 강하고 합리적인 성경적 방어가 필요하다. 실제로 2001년 9월 11일 놀라운 사건은 크리스천들에게 엄청난 적개심을 불러 일으켰다.

그러한 적개심에 대해 크리스천은 무엇으로 대응해야 하는가? 이런 난해한 질문에 대한 대답은 사실 불편하고 논쟁적이며 변형적이다. 레이몬드 설버그(Raymond Surburg)는 다음과 같이 회고한다.

교회 안에서 모든 것이 조용하고 평화로울 때 대다수의 사람은 저주시편을 사용할 필요를 전혀 느끼지 못한다…. 그러나 교회 위에 박해가 가해지면, 공산주의나 무신론 국가들인 러시아, 중국, 쿠바에서는 기독교인인 목사나 그들의 교인들이 고문을 당하

거나, 비인간적 수치와 죽음을 당했을 경우, 그리고 하나님 백성들의 신앙이 주님의 적 (enemies of the Lord)들에 의해 심하게 도전당하고 있을 때, 크리스쳔들은 본능적으로 이 시편으로 돌아간다. 몇몇 사람들은 평화로울 때에도 저주시편을 공격적으로 생각하지만, 그러나 악한 힘이 그들의 하나님 신앙과 예수 그리스도를 주님으로 믿는 신앙 때문에 그들을 박해하고 고문할 때는 그와 관련된 이슈가 절실하게 느껴진다.[31]

접근 방법

최근의 연구는 한 가지 전제를 제시 한다: 지속되는 불의, 굳어진 적의, 심한 압박의 상황 속에서는 적을 향해 저주를 퍼붓거나 또는 신에게 맹공격으로 보복해 줄 것을 소원하는 행위를 언제나 당연시 해왔다는 것이다.

그리고 이런 최근의 연구가 저주시편의 정서가 전 성경의 윤리로 지속된다는 입장을 갖는 한편, 신약에서도 본질적으로 같은 윤리 개념이 하나의 완성된 모습으로 확실하게 진전을 보여주고 있음을 알 수 있다. 이들 시편과 신약의 윤리 사이에 실제로 어느 정도 강조점의 차이가 있긴 하다. 신약에서는 종말론적 심판을 기다리며 좀 더 자주, 그리고 명백하게 친절이 표현되기 때문에, 저주나 일시적 심판에 뒤따르는 일들 때문에 받는 스트레스는 덜하다.[32] 그러한 강조의 차이는 새 시대가 '은혜 위에 은혜' (요 1:16)의 시대로 다시 오실 그리스도를 기대하기 때문이다. 그러나 그 차이는 단순히 친절 정도를 넘어선다. 악에 대한 입장에 있어서, 신약

---

31) Raymond F. Surburg, "The Interpretation on the Imprecatory Psalms," 100.

은 윤리적 특성과 극단적 크리스천 윤리 사이에 계속 긴장을 가지게 된다. 그리고 시편에서 저주가 정당화되도록 돕는 동일한 요인들에 근거하여 신약에서도 역시 저주를 합법화할 자리를 찾고 있다.

저주의 표현과 신적 복수에 대한 염원을 담은 표현은 서른두 개 시편의 98절에 나타난다.[33] 저주시편에 대한 문제와 크리스천 윤리와의 관계는 세 개의 시편에서 찾아 볼 수 있다. 각각은 저주시편 전체 속에서 발견되는 저주에 대한 세 가지 구분을 대표한다.

시편 58 - 사회적 원수에 대한 저주
시편 137 - 국가와 공동체에 대한 저주
시편 109 - 개인적인 원수에 대한 저주

다른 모든 저주시편들은 이 세 주제에 가리어 보조적으로 쓰인다.[34] 이

---

32) 신약성경에서는 단순한 도덕적인 관점을 발전시키는 것이 아니고 매일 생활 속에서 실천해야 할 하나님에 명령이라고 한다. 하나님의 순간적이고 종말적인 심판에 위탁한 그리스도의 십자가에서의 고통의 참음은 구약성경에서는 자제가 되었지만 주된 주제이다. 베드로 전서에서도 압제자들의 압박과 고통 속에서도 원수들에게 저주하지 말고 그리고 그리스도의 심판 날을 기다리라고 권고한다. 벧전 2:18-23에는 종들의 부당하게 고난을 말하면서, "하나님을 생각함으로 슬픔을 참으면 이는 아름다우나 죄가 있어 매를 맞고 참으면 무슨 칭찬이 있으리요 그러나 선을 행함으로 고난을 받고 참으면 이는 하나님 앞에 아름다우니라"고 권고한다. 축복과 참음은 서신에서 말하는 크리스챤의 생활의 중요한 요소이다.

33) 5:10; 6:10; 7:6, 9, 15-16; 9:19-20; 10:15; 17:13; 28:4; 31:17-18; 35:1, 4-6, 8, 19, 24-26; 4)14-15; 52:5; 54:5; 55:8, 15; 56:7; 18:6-10; 595, 11-13; 68:1-2, 30; 69:22-25, 27-8; 79:2-3; 71:13; 74:11,22-23; 79:6, 10, 12; 83:9, 11, 13-18; 94:1-2; 104:35; 109:6-15, 17-20, 29; 129:5-8; 137:7-9; 139:19, 20-21; 140:10; 141:12; 143:12가 여기에 속한다.

세 개의 시편은 특별히 그들이 원수들에게 가장 잔인한 언어, 가장 심한 저주를 담고 있기 때문에 선택되었다. 만일 이에 대한 답이 있다면 그 대답은 모두에게 적용되는 것이다.

> **저주 시편의 세 그룹**
>
> 1. 사회적 원수에 대한 저주: 58; 94
> 2. 국가와 공동체에 대한 저주: 68; 74; 79; 83; 129; 137
> 3. 개인적 원수에 대한 저주: 5; 6; 7; 9; 10; 17; 28; 31; 35; 40; 52; 54; 55; 56; 59; 69; 70; 71; 104; 109; 139; 140; 141; 143

저주시편의 정제된 해석은 크리스천 윤리와의 관련속에서 더욱 발전된 원칙적 해결의 추구를 요구한다. 이 해결의 합법성은 평가되어져야 한다. 또한 이 시편들은 저주가 매일의 일상적 생활 속에 행해지는 고대 근동의

---

34) 시편 58편의 저주는 사회적 절망의 상황에서 나온다. 법정 관리들은 그들의 힘을 악한 일과 그들의 목표를 위해 사용한다. 그들은 계속적으로 폭력적으로 하나님의 정의에 반대하며 그들의 지위를 악용하고, 불쌍한 자를 보호하는 대신에 간원들은 그들을 박해하고 그들을 먹잇감으로 만들었다. 시편 94편에는 세계를 심판하시는 주가 일어나 교만하고 부패하고 압제하는 법정 관리자들에게 마땅한 벌을 주심을 언급한다. 시편 137편은 바벨론 포로시기의 상황에서 불리운 노래이다- 고대의 전쟁 포로의 말할 수 없는 공포와 잔인함 속에서 경험된 종교적인 국가적 재난의 상황이다. 이런 섬뜩한 축복의 으뜸가는 바탕은 탈리오 법칙에 표현된 신적인 정의 원리이다- 법은 개인적인 보복을 위한 것이 아니라, 모든 시민 법정 형태의 보상이다-. "탈리오식 정의"에 대한 요청은 성서전반을 통해서 신약의 끝까지 표현되어 있다(딤후 4:4; 계 18:6). 시편 109편의 저주 기도는 절망적인 궁핍의 상황에서 나타난다. 다윗은 그의 지속적인 사랑과 선을 위해서 악한 자들과 탐욕자들에 대하여 보복한다. 다윗은 창 12:3에 표현된 그의 백성을 저주하는 자는 저주받으리라는 하나님과의 계약의 약속에 근거하여 기도하고 있다.

컨텍스트 안에서 해석해야 한다. 이 세 개의 잔인한 저주시편(시 58; 137; 109)의 보다 세밀한 연구에서 그들이 탄식하는 신학적 근거를 밝혀내야 한다. 이 연구의 결과는 신약 본문들, 예수의 지상명령 "네 원수를 사랑하라", 그리고 바울의 "복을 내리고 저주하지 마라"와 확실히 모순됨을 보여준다. 신약의 저주와 짝을 이룬 저주시편의 배경은 이 말씀들에 대한 예수와 바울의 더 깊고 더 풍부한 해석을 줄 수 있다.

이 문제는 조직신학보다는 성서신학의 입장에서 접근하는 것이 더 나은 방법이다. 윤리적 질문의 한계는 성경의 전체적인 조명하에서 다루어져야 한다. 예를 들어 악한 자에 대한 하나님의 복수와 폭력의 '정당성'을 논할 때에도, 성경은 무엇을 옳다고 가르치는가를 정확하게 찾아내야 한다. 그것은 성경을 하나님의 말씀[35]으로 보는 크리스천들에게 '생명과 경건' (벧후 1:3)을 보여주는 유일한 법칙이다. 이러한 접근은 성경 상호간의 직접적 연결성이 중요함을 보여 준다: 모든 성경이 같은 하나님[36], 같은 하나님의 백성[37]에 대해서 말하고, 같은 윤리[38]에 의해 쓰여졌다는 것이다. 실제로 신약은 그 자체의 증언과 결론으로 볼 때 구약을 보충하기도 하

---

35) 성서의 사건을 보는 학자와 신앙인들 사이에 결코 만날 수 없는 선이 있다. 하지만 학문에서는 학자들의 길을 선호한다.
36) 계 1:17 에는 그리스도는 하나님과 동등하게 찬양되고 계 21:3, 7에는 "이기는 자는 이것들을 상속으로 받으리라 나는 그의 하나님이 되고 그는 내 아들이 되리라"라고 선언하신다(창 17:7-8; 26:11-12, 삼상 7:14; 렘 31:33).
37) 벧전 2:9은 "그러나 너희는 택하신 족속이요 왕 같은 제사장들이요 거룩한 나라요 그의 소유가 된 백성이니 이는 너희를 어두운 데서 불러내어 그의 기이한 빛에 들어가게 하신 이의 아름다운 덕을 선포하게 하려 하심이라"고 말하고 갈 3:29에는 그리스도 안에 있는 자는 아브라함의 약속의 후예이고 그리고 로마서 4장에서는 아브라함이 우리의 신앙의 아버지임을 밝히고 있다.

고, 더 나아가 구약의 증언을 완벽하게 성취한다.[39]

---

38) 마 22:36-40에서 그리스도는 구약에서 하나님 사랑과 이웃사랑(신 6:5, 레 19:18)의 명령을 뽑아 냈고, 요한1서 4:21에서 같은 계명이 하나님의 새로운 계약의 민족에게 주어졌으며; 갈 5:13-6:2 에서는 '그리스도의 법'이 '사랑의 법'과 연결되어 있음을 밝히고 있다.
39) 마 5:17에서 예수께서 율법이나 선지자를 폐하러 온 줄로 생각하지 말라 폐하러 온 것이 아니요 완전하게 하려 함이라고 말씀하시고, 고후 1:20에는 "하나님의 약속은 그리스도 안에서의 실현" 이라고 쓰여 있고, 계 21-22 과 창 1-3장은 성서를 처음과 마지막으로 함께 둘러싸며 하나님 역사의 전체성을 포괄한다.

PART I
동시대적 해결 방법들과 고대의 컨텍스트

1장_
불만족스러운 해결

수세기에 걸쳐, 시편에서 나타나는 저주의 울부짖음과 크리스천의 관계에 대하여 많은 글들이 쓰여졌다. 하지만 이런 생생한 이슈에 대한 현대적 논술이 부족하고, 더구나 이 저주의 문제를 신구약 전체를 꿰뚫는 신학적인 방법으로 파악하려는 노력은 많지 않았다. 지금까지 제안된 해결들은 신학적으로 부적절하게 증명되었는데, 다음과 같이 요약할 수 있다.

1. 저주시편은 죄로 억압되고 고백되어진 악한 감정을 표현한다.
2. 그들은 옛 계약의 도덕성과 전적으로 일치되지만 새 계약의 윤리와는 불일치한다.

3. 이러한 저주들은 오직 십자가상에서 이루어진 그리스도의 행동에 의해, 또한 그리스도를 추종하는 제자들의 관점을 통해 적절히 언급되어야 한다.

악한 감정들

표현되지 말아야

자신의 글 속에서 풍부한 영감을 표현하는 존경하는 루이스(C. S. Lewis)는 "몇 개의 시편에서 용광로의 입에서 뿜어 나오는 열기같은 증오심"을 찾아내는데, 아마 109편이 그러하다고 한다. 아름다운 시편들이 있는가 하면, 아주 악마적인 시편들도 있는데, 바빌론의 아기를 잡아채서 그 뇌를 땅위에 내려치는 사람에게 축복이 선포되는 시편 137편이 그러하다."[1] 루이스는 이런 구절들을 '무서운 또는 비열한,'[2] '사악한' 그리고 '죄많은,'[3] '잔인한', 그리고 '위험한'[4] 시편으로 묘사한다. 더 나아가 그는 우리가 공평하게 양쪽의 사실들을 보면서 그 문제를 간주해야 한다고 믿는다. 증오란 공공연히 괴롭히거나, 불행을 고소하게 바라보거나, 잔인한 곳에서 생기게 된다. 그리고 우리가 속죄했든, 인정했든, 또는 우리 자

---

1) C. S. Lewis, *Reflections on the Psalms*, 20-21
2) 위의 책, 21-22
3) C. S. Lewis, *Christian Reflections*, 120-121.
4) C. S. Lewis, *Reflections on the Psalms*, 33.

신이 가지는 그와 비슷한 감정들을 정당화하곤 했었다면 우리는 이미 사악해진 것이라고 지적한다.[5]

이 입장을 기꺼이 받아들이기에 몇 가지 문제가 있다.

첫째로, 원한과 복수에 사무친 다윗의 저주시편은 "네 원수를 사랑하라"고 훈련된 크리스천에게는 적당치 않다는 것이다. 서른 두 개의 시편 중 적어도 스물 세 편의 시편은 다윗을 '하나님의 마음에 맞는 사람'(삼상 13:14; 참조 16:7)으로 표현된다.[6] 만일 그가 이 시편에서 보듯이 근본적으로 그리스도의 품성과는 다른 마음의 소유자라면 그는 하나님의 마음에 맞는 사람이라 칭함을 받을 자격이 없고, 그의 품성과 그리스도의 품성은 근본적으로 거리가 멀고 상관없는 것처럼 보인다.[7]

성경은 다윗의 욕망과 죄에 대해 언급하기를 주저하지 않는다. 그는 분노와 복수의 유혹에 굴복하게 된다(예, 삼전 25:21-22). 그는 자칫 간통, 사기, 살인을 포함한 흉악한 죄를 범한다. 이러한 실수는 그의 성공적인 성품에는 표현되지 않고 오히려 그의 회개 속에서 나타난다(참조, 시 51; 삼상 25:32-34).[8]

---

5) C. S. Lewis, *Reflections on the Psalms*, 22.
6) 시편의 표제에 쓰여진 lamedh(ל)의 사용에는 약간의 모호함이 있다. 시편 18:1은 "다윗의 시, 인도자를 따라 부르는 노래,... 다윗이 노래의 말로 여호와께 아뢰어 이르되"로 시작되는데 lamedh의 저작성에 대해서 (1) 다윗의 시편의 약어이다(하 3:1, 하박국의 기도) (2) 음악가와 작곡가로서 다윗의 명성(삼하 23:1, 아모스 6:5) (3) 셈어의 관습적 용법이다(lamedh of ownership)
7) 이것은 다윗이 죄나 배반에서 예외적인 사람이 아니라는 말이다. 그러나 그의 근본적인 삶은 사랑-친절(loving-kindness)의 원리에 지배되었다는 것이다.
8) 저주시편이 많은 죄를 고려하는 것은 다윗의 일생의 행동과는 차이점이 많다.

더구나 다윗은 재빨리 적을 향해, 특히 사울 왕에게[9] 그리스도와 같은 심성을 나타내 보였다. 실제로, 시편에서의 그의 저주는 반복적으로 '선을 위한 악'으로, 혹은 지속적으로 정의를 실행하지 않는 사람에게 대항하는 것이다. 시편 35:12-14을 예로 들면, 다윗의 행동은 사랑의 실천이라는 축과 연결되어 있다.

> 내게 선을 악으로 갚아 나의 영혼을 외롭게 하나
> 나는 그들이 병들었을 때에
> 굵은 베 옷을 입으며 금식하여
> 내 영혼을 괴롭게 하였더니
> 내 기도가 내 품으로 돌아 왔도다
> 내가 나의 친구와 형제에게 행함 같이 그들에게 행하였으며
> 내가 몸을 굽히고 슬퍼하기를 어머니를 곡함 같이 하였도다.

저주의 표현이 악하다는 관점으로 보는 두 번째 문제는 그 목적이 그들을 통치하기 위한 것이며, 그 저주의 표현을 통해 흐르는 주요 주제들이 윤리적으로 가장 높은 수준이라는 것이다. 이 목적과 주제들이 수반하는 것은 다음과 같다.

---

[9] 삼상 24장을 보라. 사울이 다윗을 잡으려고 숨어있는 굴에 사울이 왔을 때, 다윗이 사울 왕을 해할 수 있었으나, 말하기를 "여호와께서는 나와 왕 사이를 판단하사 여호와께서 나를 위하여 왕에게 보복하시려니와 내 손으로는 왕을 해하지 않겠나이다"(12) 라고 말하고 사울왕은 "사람이 그의 원수를 만나면 그를 평안히 가게 하겠느냐 네가 오늘 내게 행한 일로 말미암아 여호와께서 네게 선으로 갚으시기를 원하노라"(19).

● 하나님의 명예 대한 관심(시 74:22, "하나님이여 일어나 주의 원통함을 푸시고 우매한 자가 종일 주를 비방하는 것을 기억하소서!");

● 광포한 불의의 한가운데 정의 실현을 위한 관심(시 58:11, "그 때에 사람의 말이 …진실로 땅에서 심판하시는 하나님이 계시다 하리로다");

● 하나님 통치의 공적 인식에 대한 관심(시 59:13, "하나님이 야곱 중에서 다스리심을 땅 끝까지 알게 하소서" 신의 징벌(셀라));

● 신의 징벌로 적들이 하나님을 찾게 되는 소망(시 83:17, "여호와여 그들의 얼굴에 수치가 가득하게 하사 그들이 주의 이름을 찾게 하소서");

● 죄의 혐오(시139.21, "여호와여 내가 주를 미워하는 자들을 미워하지 아니 하나이까?");

● 의로운 자의 보존에 대한 관심(시143:11-12, "여호와여 주의 이름을 위하여 나를 살리시고 …주의 인자하심으로 나의 원수들을 끊으시고 내 영혼을 괴롭게 하는 자를 다 멸하소서 나는 주의 종이니이다.")

세 번째 문제는 저주시편의 표현들은 하나님의 영으로부터 멀리 떨어져 나간 영을 악하다고 주장하는데, 이러한 관점은 시편의 영감을 부인하는 것이다.[10] 다윗과 다윗의 위대한 아들 모두의 증언에 의하면, 시편은

---

[10] 어떻게 하나님의 영감이 시편들 속에 있을까? 어떻게 하나님에 대한 사람들의 말이 하나님의 영감이 되어 사람들에게 올까? 라는 질문을 할 수 있다. 이것은 신비로운 질문이지만, 성경의 많은 증언들과 하나님의 백성의 역사 역시 시편에 간직되어 있다. 그것은 딤후 3:16의 "모든 성경은 하나님의 감동으로 된 것으로" 말과 일치한다.

신성한 영감으로 지어진 것이다. 다윗 자신이 삼하 23:2에 "여호와의 영이 나를 통하여 말씀하심이여"라고 증언하다. 이 같은 다윗이 또한 저주시편의 대부분을 지었다. 막 12:36에 예수께서도 시편을 인용하여 말씀하실 때 "다윗 자신이 성령에 의해 말하기를" 이 구절을 사용하였다. 저주와 관련된 가장 악명 높은 시편은 베드로가 인용한 69편과 109편으로 "형제들아 성령이 다윗의 입을 통하여 예수 잡는 자들의 길잡이가 된 유다를 가리켜 미리 말씀하신 성경이 응하였으니 마땅하도다"이다(행 1:16, 20; 참조. 시 69:25; 109:8, 강조가 추가됨).

루이스(Lewis)는 시편의 신성한 영감을 받아들이는 데 있어서 확실한 타협점을 만드는 것이 필요하다는 것을 인식했다. 그는 저주시편이 우리 주의 가르침이 자비를 허용치 않는 분노로 가득 찼다고 인정하지만, 그는 "비록 모든 부분이 다 같은 의미는 아니지만, 여러 경우를 볼 때, 성경은 모두 하나님의 말씀이다"라고 보는 중간 정도의 입장을 택했다.[11] 저주 본문을 비난하는 네 번째 문제는 이 관점이 그의 백성들이 야훼를 예배하는 형식을 갖춘 책으로서의 시편의 본질에 역행하는 것이라는 것이다. 저주시편을 악한 감정의 분출이라고 설명하는 것이 딱 맞지는 않지만, 시편의 주요 글들을 잘 설명한 것이다. 그러나 이 본문들이 왜 경전으로, 실제로 하나님의 백성을 위한 예배집으로 포함되었는지를 설명하기에 부적절하다. 군(George Gunn)은 저주시편에 관해 통찰력 있는 관점을 제시한다.

---

11) C. S. Lewis, *Reflections on the Psalms*, 19.

"완전히 복수심에 차 있다는 것은 그 글을 설명하기에 충분하다. 왜냐하면 어느 누구도 한 순간 재앙이나 분노의 상황이 주어졌다면 이러한 어두운 영에 사로잡힐 수밖에 없다. 우리가 지적해야 하는 것은 그 글이 아니라 그것이 시편에 들어오도록 되게 된 그 시점과 관점의 문제이다. 가장 확실한 것은 그들이 성경 편집에 포함된 것은 전적으로 하나님을 예배할 목적이었다는 것이 가장 큰 이유이다."[12]

실제로, 이 골치 아픈 복수에 대한 저주와 울부짖음을 하나님이 허용했다는 문학적, 신학적 제시도 없지만, 이러한 저주의 감정표현들은 경전이 된 시편(canonical Psalter)[13]의 필수적인 부분이 되어 빈번히 등장한다.[14] 후기 편집자나 최종 승인자들은 하나님의 책으로서 적합하지 않은 그러한 자료를 지울 필요를 느끼지도 않았다. 더 나아가 군(Gunn)은 시편에는 하나님의 백성들이 예배를 통해 하나님께 이르게 되는 적절하고 필요한 표현들이 있어야 하는데, 저주시편은 아주 큰 위험 요소를 안고 있다고 지적한다. 즉 저주의 표현이 언어로 옷 입혀졌을 때[15] 저주에 대한 생각이 형성될 수 있고, 이런 문제는 지속적으로 오해를 불러일으킬 소지가 크다는 것이다. 성경 독자들은 이러한 사실을 이해해야 한다. 실제로 예배집에 있는 울부짖음은 그것이 절망적으로 언급되는 것을 피해 가기

---

12) George S. Gunn, *God in the Psalms* (Edinburgh: Saint Andrew, 1956), 99.
13) L. Russ Bush, "Does God Inspire Imprecation?" *Divine Authority and Ethics in the Psalms* (Evangelical Philosophical Society Presidential Address, Nov. 16, 1990), 6.
14) 비록 이러한 표현은 다가올 세대에 대한 언급이지만, 현재에도 적용되는 것이라고 할 수 있다.
15) Gunn, *God in the Psalms*, 99.

보다, 오히려 하나님의 의를 나타내려는 신앙인들의 정당화 작업으로 포용시키려는 의견에 신뢰를 준다.

표현된 그리고 포기된

월터 브루지만(Walter Brueggemann)은 저주시편을 복수를 위한 증오의 울부짖음으로, 그 울부짖음은 크리스천들이 저 편에 보내야 하는 (move beyond) 울음으로 이해한다. 아직도 복수시편의 저 편의 길이란 "그들을 둘러가는(around) 길이 아니라 그들을 통해가는(through) 길"이다.[16] 크리스천들은 이렇게 잔인한 시편들을 자기와 상관없다고 할 것이 아니라 그들 자신의 것처럼 충분히 포용해야 한다고 그는 기술한다. 이런 본문들은 인간이 복수심을 갖고 있는 창조물이기 때문에 같은 정서의 목소리를 낸다. "우리의 분노와 분개는 충분히 인정되어야 하고 표현되어야 한다. 이러한 때에 우리의 분노와 분개가 하나님의 자비로 포기될 수 있는 것이다."[17]

하나님께 예배드리고 신앙생활을 함에 있어 그러한 분노를 금하도록 제안하기보다는 이 "분노가 공정하게, 심지어 야훼 앞에까지 가지고 나올 수 있어야 하고"[18] 거기에서 끝내져야 한다고 그는 점잖게 제안한다.[19]

부르지만의 입장은 추천할 만하다. 첫째로, 크리스천의 생활과 예배 속

---

16) Walter Brueggemann, *Praying the Psalms*. 68.
17) 위의 책 68.
18) Walter Brueggemann, *Massage of the Psalms: A Theological Commentary*, 85.

에서 저주시편의 올바른 자리를 유지하도록 추구해야 한다는 것이다. 둘째로, 그것은 주님 앞에 엎드리는 청원자(petitioner)로서 삶의 모든 것을 하나님께 기도드리도록 해야 한다는 것이다. 그러나 브루지만은 이 저주들을 '악'으로만 보기 때문에, 구약의 저주에 대한 근거와 함께 신약성경의 유사한 표현의 평가를 간과하는 실수를 한다. 실제로 신구약 성경의 전체를 꿰뚫는 증언이 제한적이기도 하고, 적절한 상황 속에서 없어지거나 새로이 시작되기도 한다. 이러한 '저주들'은 하나님과의 계약된 약속에 기초하고 있다. 그리고 이 저주들의 탄원은 본래적인 악에 대한 것이 아니고, 약속들을 성취하기 위한 것임이 분명히 나타난다.

뿌리 깊은 악에 대한 하나님의 정의로운 복수를 열망하는 것은 악과는 거리가 멀다. 예수 자신은 완악한 죄에 대한 분노를 표시한다: "그들의 마음이 완악함을 탄식하고 노하심으로 그들을 둘러보시고"(막 3:5). "뱀들아 독사의 새끼들아 너희가 어떻게 지옥의 판결을 피하겠느냐?!"(마 23:33). 두 경우 모두 다 그리스도가 종교지도자들의 완악하게 굳은 불신앙과 반대에 대항하여 반응을 보인 것이다.

이제는 마태복음 23장 33절이나 마가복음 3장 5절도 단지 저주가 아니고, 오히려 브루지만이 악이라 보았던 것의 모퉁이돌 정도의 감각과 강도

---

19) 이러한 신념은 Peter Craigie, *Psalms 1-50*, Word Biblical Commentary, ed. David A. Hubbard and Glenn W. Baker (Waco, Texas: Word 1983), 19:41과 Erich Zenger, *A God of Vengeance? Understanding the Psalms of divine Wrath*, trans. Linda M. Maloney (Louisville: Westminster John Knox, 1966), 79 등의 학자들로부터 지지를 받고 있다.

를 담고 있음을 알 수 있다. 이 두 텍스트는 확실히 신의 복수에 대한 갈망을 전하고 있고,[20] 분노의 감정을 통해 표현했다. 거기에 죄 없는 구세주의 특징을 잘 살려낸다면, 의로운 '분노'는 재해석될 것이다.[21]

구약의 도덕성

열등한 도덕성

섭리적 그리고 점진적 계시의 입장에 서있는 로이 쥬크(Roy Zuck)는 저주시편이 초래하는 어려운 문제의 해결을 다음과 같이 추구한다. 그는 "하나님의 말씀 속에 나타난 진리에는 유사한 도덕성들이[22]이 수반되는데, 구약의 도덕성은 신약[23]보다 그 도덕적 수준이 낮다"고 주장한다. 그는 특별히 원수에 대한 용서라는 논제에 대하여, "성경에는 타인에게, 심지어 원수에게까지 부드럽고 친절하게 대하라는 많은 문장들이 있지만, 구약성경에는 하나님의 적에 대한 용서와 사랑에 대해서 공언된 언급이 전혀 없다는 것이다."[24] 이 주장은 "네 원수를 사랑하라"(마 5:44)고 제자들에게 역설하시는 그리스도의 말과 반대의 입장을 가진다.

---

20) 눅 12:49을 비교하라 "내가 불을 땅에 던지러 왔노니 이 불이 이미 붙었으면 내가 무엇을 원하리요."
21) 여기에 덧붙여 예수의 입에서 말하여진 저주의 예는 막 11:12-14, 20-21의 무화과나무에 대한 저주가 있다.
22) Roy B. Zuck, "The Problem of the Imprecatory Psalm" (Th.M. thesis, Dallas Theological Seminary, 1957), 73
23) 위의 책 70
24) 위의 책 60

쥬크는 구약성경에서 적에 대해 고려하는 두 귀절을 제시한다. 법전의 일부인 출애굽기 23:4-5은, "네가 만일 네 원수의 길 잃은 소나 나귀를 보거든 반드시 그 사람에게로 돌릴지며 네가 만일 너를 미워하는 자의 나귀가 짐을 싣고 엎드러짐을 보거든 그것을 버려두지 말고 그것을 도와 그 짐을 부릴지니라", 그리고 윤리적 명령인 잠언 25:21 "네 원수가 배고파 하거든 음식을 먹이고 목말라 하거든 물을 마시게 하라"이다. 그러나 쥬크의 견해로 볼 때 이 귀절들은 사랑과 동등한 개념이라고 말하기 어려운 것들이다.

구약성경에 원수 사랑의 개념이 결핍됐다는 관점은, 두 가지 중요한 반박거리를 제공한다. 첫째, 구약에(혹은 신약) 나타나는 사랑에 대한 편협한 이해는 성경의 원대한 가르침과 우주적 적용의 예를 거스른다. 신구약 양 성경에는 사랑이 친절한 행동으로 명백히 표현된다, 그래서 친절의 행위는 사랑의 행위로 간주된다.

'제2의 위대한 계명'으로 일컫는 레위기 19장을 예로 들면 동포이든 거류민이든 이웃을 위해 사랑의 마음을 보여주는 다양한 '행동들'로 채워진다. 이 행동들은 가난한 자나 거류민을 위해 의도적으로 추수 밭 구석에 이삭을 버려둘 것(9-10절), 품꾼의 삯을 제 때에 지급할 것(13절), 노인에게 공경을 표할 것(32절), 거류민을 동포처럼 대해 줄 것(34절) 등을 포함한다. 사실 이 뒤의 문장에서 야훼는 이스라엘인들에게 "그(거류민)를 네 자신처럼 사랑하라 너희도 애굽 땅에서 거류민(גֵּר) 이 되었느니라"[25]고 명령한다. 이 마지막 문장은 비록 레위기 19:18에 '한 백성끼리'라는 평행 귀에 한하지만, "네 이웃을 사랑하라"는 말을 이해하는 데 도움을 준다. 차라리 그 말은 네 주변에서 만날 수 있는 궁핍한 자, 네가 사랑을 명백히 보여줄 수 있는 사람에게 적용하기 위해 의도된 말이다.

그 명령은 예수께서 선한 사마리아 사람의 비유에서 물으신 질문 "누가 나의 이웃인가?"(눅 10:29-37)에 답하는 기초가 된다. 더군다나 마태복음 5:45(눅 6:35)에서 예수께서는 "의로운 사람에게나 불의한 사람에게나 똑같이 비를 내려주시는" 하나님의 친절성을 언급하며 원수 사랑의 명령을 수립한다. 그리고 적을 향한 이런 친절성은 물을 필요도 없이 구약에서 법령이 되거나(출 23:4-5; 잠 25:21), 본보기가 되었다(왕하 5장의 나아만의 노예소녀[26], 왕하 6:15-23의 엘리사[27], 요나서 3-4장의 요나의 니느웨를 향한 내키지 않는 증언[28]).

사랑의 정의에서 볼 때 친절 행위와의 거리감은 성경적 의도가 보장되지 않는 한 한계가 있다. 이와 같이 구약은 실제로 원수 사랑이라는 말을

---

25) ger (גר)라는 용어는 일반적으로 '거주 외국인'을 의미하지만, 이 상황에서는 기본적으로 적의의 뉘앙스를 갖고 있다.
26) 엘리사 시대에 아람은 원수의 대상이었다. 놀랍게도 나아만의 노예소녀는 그의 주인을 위해 엘리사를 소개하고 엘리사는 은혜로서 대응하고 있는 것을 볼 수 있다.
27) 이 구절은 원수에 친절을 베푼 가장 드라마적인 본문이다. 이스라엘이 도단에서 아람의 군대에 포위되었을 때 엘리야는 적군들이 눈이 멀도록 기도했고, 이스라엘은 그곳에서 탈출할 수 있었다. 그 때 이스라엘의 왕이 그들을 죽일 것을 제안했으나, 엘리사는 오히려 그들에게 먹을 것과 물을 주고 해하지 아니하고 돌려보냈다. 이러한 자비가 아람과의 평화를 시작하게 했다.
28) 이것은 기대하지 않은 야훼의 뿌리 깊은 원수이자, 이스라엘의 압박자인 앗수르에 대한 연민의 예인데 요나의 불복종과 대비가 된다.

한다. 그러나 언어 속에서만 있던 원수사랑은 원수에게 친절을 베푸는 행동하는 사랑으로 명령되어진다.

둘째로, 저주 시편의 윤리가 신약의 윤리보다 열등하다는 것을 설명하려는 시도들은 점진적 계시를 적절히 이해하는데 방해가 된다. 히바드(F. G. Hibbard)는 점진적 계시의 본질에 대해 "어떤 시대에는 하나님이 억제했으나 다음 시대에는 풀어주신다"고 통찰력 있게 설명한다. "그러나 성령이 실제로 명하고, 구약의 저자들이 영감을 받아 쓰여진 도덕적 주제들은 절대적 도덕성[29]과 조화를 이루어야만 한다." 실제로 두 성경의 진보에는 수준의 차이가 있다; 그러나 그것은 종류가 아니라 수준의 차이를 말하는 것이다. '본질에 있어서' 성경[30]에 퍼져있는 도덕성에는 하나의 원칙만이 존재한다.

이 필수적인 도덕의 원칙은 예수가 구약에 주어진 두 '큰 계명'이 신약에서 강조되는 두 '큰 계명'과 같은 것이라고 주장함으로 인해 명확해진다. 그가 한 바리새인의 질문 "선생님, 율법 중에서 어느 계명이 크니이까"로 시험당할 때, 예수는 대답했다. "네 마음을 다하고 목숨을 다하고 뜻을 다하여 주 너의 하나님을 사랑하라. 이것이 크고 첫째 되는 계명이요, 둘째도 그와 같으니 네 이웃을 네 자신 같이 사랑하라 하셨으니 이 두

---

[29] F. G. Hibbard, *The Psalms Chronologically Arranged, with Historical Introductions; and a General Introduction to the Whole Book*, 5th ed. (New York: Carton & Porter, 1856), 107

[30] J. W. Beardslee, "The Imprecatory Element in the Psalms," *Presbyterian and Reformed Review* 8 (1897): 496

계명이 온 율법과 선지자의 강령이니라"(마 22:36-40). 예수 자신도 새 계약의 도덕성이 가장 높힌 표현이 구약[31]의 것과 같다고 선언한다.

도덕성은 다양한 제도 안에서 표현되고 또한 실제로 다양하다. 하나님 백성이 구약에서는 중앙집권적 상태이고, 신약에서의 분산적이라는 것은 다양함의 특징을 설명하는 중요한 요소이다. 구약에서의 하나님의 백성은 적대국 원수 국가들에 둘러싸여 있었다. 따라서 그들은 생존의 필요성과 하나님 약속의 성취를 위해서 효과적인 경고나 방어 자세를 갖추어야 했다.[32] 그러나 그리스도의 오심과 성령 강림의 시대에 약속은 클라이막스에 이르렀고, 포용적인 원수 사랑과 박해에 대한 인내[33]는 더욱 명백해지고, 은혜의 복음이 만방에 열려진 것이다.

챌머 마틴(Chalmer Martin)은 "죄와 죄인의 구별은 다윗이 구약의 성자[34]가 되는 것을 불가능하게 한다고 주장하면서, 크리스천과 저주시편 사이에 거리를 둔다. 그는 추가로 이제는 이 구별이 만들어져야 한다고 말한다. 마틴에 의하면 계시의 진보란, 하나님의 적에 대한 크리스천의 입지가 모든 존재에 대한 적의에서, 죄인을 통해 행해지는 죄의 원칙을 지배하는 단순한 적의로 바뀌어 짐을 의미한다.[35]

---

31) 롬 13:8-10; 갈 5:13-14; 6:2; 요한 1서 4:20-21
32) 하나님의 백성을 파괴하려는 사람들에게도 어떤 경우에 있어서 사랑-친절이 보여지는 경우도 있다.
33) 마 5:43-44; 벧전 2:21-23
34) Martin, "Imprecations in the Psalms," 548.
35) Robert Althann, "The Psalms of Vengeance Against Their Ancient Near Eastern Background," *Journal of Northwest Semitic Languages* 18 (1992): 10.

어쨌든 현대 기독교계[36]에 공통된 이 정서는 더 넓은 성경 신학의 성격을 명백히 규명하기에는 불충분하다. 성경의 입장은 단지 "죄는 미워하되 죄인은 사랑하라" 뿐만 아니라 "죄인을 사랑하라 그러나 죄인을 미워하라"라는 역설적 입장을 취한다. 심지어 신약성경에서 계시의 충만한 진보란 단지 죄가 아니라, 죄인이 영원한 지옥의 괴롭힘[37]으로 고통하면서 파멸될 것이라는 것이다. 맥켄지는 바로 "추상적 개념으로서의 죄는 존재하지 않는다"는 것을 주시한다. 우리가 미워하는 그 죄는 인간의 의지[38] 속에 구체적인 존재를 가진다. 그가 통찰력 있게 말하기를,

증오는 하나님 사랑의 이면이라는 점에서 죄인에 대한 증오는 적법하고 또 실제 그래야 한다. 하나님의 사랑은 하나님을 적대하는 모든 것을 미워한다; 단지 죄뿐 아니라 죄인들은 하나님을 거스른다. 그리고 만일 그러한 정서가 적법하다면, 그 표현도 정당

---

36) Lewis, *Reflections on the Psalms*, 32.
37) 지옥의 이미지나 개념이 공포스럽다 할 찌라도, 성경의 분명한 가르침은 하나님의 완전함에 대한 영광을 돌리는 것이다. 마 11:29의 예수의 "친절과 겸손함"의 가르침은 막 9:47-8의 말씀 "만일 네 눈이 너를 범죄하게 하거든 빼 버리라. 한 눈으로 하나님의 나라에 들어가는 것이 두 눈을 가지고 지옥에 던져지는 것보다 나으니라. 거기에서는 구더기도 죽지 않고 불도 꺼지지 아니 하느니라"와 상반된다. 이 말씀은 이사야 66:24 "그들이 나가서 내게 패역한 자들의 시체들을 볼 것이라 그 벌레가 죽지 아니하며 그 불이 꺼지지 아니하여 모든 혈육에게 가증함이 되리라"와 연결될 수 있다. 계시록 14:9-11은" 또 다른 천사 곧 셋째가 그 뒤를 따라 큰 음성으로 이르되 만일 누구든지 짐승과 그의 우상에게 경배하고 이마에나 손에 표를 받으면, 그도 하나님의 진노의 포도주를 마시리니 그 진노의 잔에 섞인 것이 없이 부은 포도주라 거룩한 천사들 앞과 어린 양 앞에서 불과 유황으로 고난을 받으리니, 그 고난의 연기가 세세토록 올라가리로다. 짐승과 그의 우상에게 경배하고 그의 이름표를 받는 자는 누구든지 밤낮 쉼을 얻지 못하리라."
38) John L. McKenzie, "The Imprecations of the Psalter," *American Ecclesiastical Review* 111 (1944):91

하고; 사람들은 다른 사람이 저지른 악에 대응하는 악을 법적인 한계 안에서 증오를 억제하면서 받아들이려 한다. 이 한계들은: 1. 증오는 자기 이웃에게로 곧바로 향해지면 안된다; 그는 그의 죄질 때문에 미움당하는 것이다. 2. 신의 정의가 죄인 안에서 성취되기를 바란다; 그러나 그것은 신적정의이지 개인적인 복수를 갚으려는 또 다른 개인적인 악을 원하는 바람이 아니다. 3. 악에 대한 형벌은 절대적으로 추구되어서는 안 되지만, 죄인이 개심하지 않고 회개도 하지 않는 조건 하에서 요청된다. 4. 행복을 지닐 능력이 되는 개인을 배제하지 않으나, 일반적인 모든 사람의 지고선인 영원한 행복을 바라는 진정한 초자연적 자비심이 동반되어야 한다. 한마디로 죄인은 그가 사랑받을 수 있을 때 적법하게 증오되어질 수 있다는 것이다.[39]

하나님 편에서, '죄인을 미워하면서도 사랑하는' 모순(paradox)은 하나님이 불의한 자에게 심판과 복 모두를 내리는 것을 나타낸다. 시편 11:5-6, "여호와는 의인을 감찰하시고 악인과 폭력을 좋아하는 자를 마음에 미워하시도다. 악인에게 그물을 던지시리니 불[40]과 유황과 태우는 바람이 그들의 잔의 소득이 되리로다"는 마태복음 5:44-45, "너희 원수를 사랑하며… 이같이 한즉 하늘에 계신 너희 아버지의 아들이 되리니 이는 하나님이 그 해를 악인과 선인에게 비추시며 비를 의로운 자와 불의한 자에게 내려주심이라"와 비교된다. 이사야 63:3-4, "내가 노함으로 무리를

---

39) 위의 책, 92-93.
40) פַּחֲמֵי pahame(숯불)은 פַּחִים pahim(불타다)의 대신으로 쓰인 것이다.

밟았고… 그들의 선혈이 내 옷에 튀어 내 의복을 다 더럽혔음이니… 이는 내 원수 갚는 날이 내 마음에 있고"는 에스겔 33:11, "나는 악인이 죽는 것을 기뻐하지 아니하고 악인이 그의 길에서 돌이켜 떠나 사는 것을 기뻐하노라"와 비교된다. 존 파이퍼(John Piper)는 이 모순을 숙고하면서 "하나님이 악한자의 죽음을 한편으로는 슬퍼하면서도 다른 한편 기뻐하다는 것을 주시한다. 이것이 "무한하게 복잡한 하나님의 감성적 삶"[41]이다. 하나님은 불신자들을 동시에 사랑도, 미워도 할 수 있으며, 그의 은혜를 아낌없이 나눠주는 사랑을 하기도, 거룩한 하나님 앞에 서있는 반역 죄인을 미워하기도 한다.

비록 엄청난 차이가 있지만 이런 하나님의 삶은 크리스천의 삶에 필적한다.[42] 한계적인 크리스천이 하나님의 특질과 정서를 반영할 수 있는 한, 그렇게 시도해야 한다.[43] 이러한 시도의 귀감은 그리스도로서, 가득한 사랑으로 살지만, 회개치 않는 악한 자를 심지어 '경건한' [44] 자를 겁내지 않았다. 크리스천의 입장에서는 실제 '회개의 수위를 넘는' [45] 완악한 죄인들을 주시하며 긴장하고 사는 것이다. 그들에게 내리는 저주의 심판은

---

41) John Piper, *The Pleasures of God: Meditations on God's Delight in Being God* (Portland, Ore.; Multnomah, 1991), 66
42) 인간은 하나님의 형상대로 창조되었다(창 1:26-28) 크리스챤들은 그 형상 안에서 새로워지고 있다(골 3:10) 그래서 그들은 그리스도를 닮아가고 있는 것이다(고전 11:1).
43) 시 139:1, 21-22; 5:5-7
44) 요 4:4-42, 8:2-11과 마 11:20-24과 23:1-39
45) Raymond F. Surburg, "The Interpretation of the Imprecatory Psalms," *Springfielder* 39 (1975):100

'계속적인 완고함을 전제'[46]로 한다. 그러한 상황에서 죄인의 파멸[47]은 곧 죄를 씻는 것으로 결론지어진다. 극악한 범죄에 대한 필수적인 정의의 공적 집행은 가장 자주 볼 수 있다. '피에 굶주린 자'를 상대로 다윗은 울부짖는다. "여호와여 내가 주를 미워하는 자들을 미워하지 아니하나이까?"(시139:21).[48]

하나님의 보상의 차이

제이 칼 래니(J. Carl Laney)는 그 이슈를 보상적 접근(dispensational approach 은총이나 저주 등으로 하나님께서 내리시거나 갚아주신다)과 차별화 되면서도 연결된 하나의 이슈로, 즉 윤리의 진보가 아니라 오히려 시여, 베푸심에 대한 단순한 차이로 본다. 그는 "시편의 저주시들을 정당화하는 근본적 입지는 창세기 12:1-3 아브라함의 계약, 즉 아브라함의 자손에게 복을 주는 자는 복 주고, 그들을 저주하는 자들에게는 저주를 약속하신, 이스라엘의 적에 대한 저주에 그 계약적 기초를 둔다"[49]고

---

46) Joseph Francis Thrupp, *An Introduction to the Study and Use of the Psalms* (Cambridge: Macmillan, 1860), 2:202
47) Surburg, "Interpretation of the Imprecatory Psalms," 100.
48) 다윗은 다음 두 개의 시편에서 하나님의 이러한 특징을 묘사한다. 시 5:5-7 "오만한 자들이 주의 목전에 서지 못하리이다 주는 모든 행악 자를 미워하시며, 거짓말하는 자들을 멸망 시키시리이다. 여호와께서는 피 흘리기를 즐기는 자와 속이는 자를 싫어하시나이다. 오직 나는 주의 풍성한 사랑을 힘입어 주의 집에 들어가 주를 경외함으로 성전을 향하여 예배 하리이다"와 시 139:19, 21-2 "하나님이여 주께서 반드시 악인을 죽이시리이다 피 흘리기를 즐기는 자들아 나를 떠날지어다… 여호와 내가 주를 미워하는 자들을 미워하지 아니하오며 주를 치러 일어나는 자들을 미워하지 아니하나이까? 내가 그들을 심히 미워하니 그들은 나의 원수들이니이다."

예리하게 주시한다. 그는 아브라함의 자손을 이스라엘 인종과 민족만을 오로지 포함시킨 것으로 보기 때문에 "교회시대의 신앙인들이 악한 자에게 하나님의 심판이 내리기를 요청하는 것은 적합하지 않다고 주장한다." 50)

어쨌든 이런 보상적 입장은 '하나님께서 내리시는 은총'으로 성인들의 입에 거론됨으로서 저주의 명확한 실체가 무시된다. 또한 아브라함 축복만 효력이 인정됨을 주장하는 것은 신앙을 통해 그리스도를 받아들인 사람들(참조, 갈 3:6-29)51)에 대한 신약의 증언을 거스르는 것이다. '육신으로 난 이스라엘 사람'(고전 10:18)을 위한 아브라함의 약속에 대해서도 갈라디아서는 3장 29절(참조, 롬 2:28-29)에 "너희가 그리스도의 것이면 곧 아브라함의 자손이요 약속대로 유업을 이을 자니라"라는 바울의 선포로 슬쩍 회피한다. 그리고 그리스도를 통해 아브라함의 계약의 상속인이 된다면, 결국 거기서 나타나는 축복과 저주의 약속과도 관련된 것이다.52)

비록 메레디스 클라인(Meredith Kline)이 계약적 관점으로 문제를 접

---

49) J. Carl Laney, "A Fresh Look at the Imprecatory Psalms," *bibliotheca Sacra* 138 (1981):41-42
50) 위의 책, 44
51) 갈 3장에서 바울은 'σπερμα(씨)'에 대해서 설명한다. "너희가 다 믿음으로 말미암아 그리스도 예수 안에서 하나님의 아들이 되었으니, 누구든지 그리스도와 합하기 위하여 세례를 받은 자는 그리스도로 옷 입었느니라. 너희는 유대인이나 헬라인이나 종이나 자유인이나 남자나 여자나 다 그리스도 예수 안에서 하나이니라. 너희가 그리스도의 것이면 곧 아브라함의 씨요 약속대로 유업을 이을 자니라"(3:26-9).
52) 계약의 축복은 삶, 아들 그리고 성령의 축복이고(갈 3:14, 26; 4:4-7) 반면에 저주는 죽음에 대한 것이다(갈 3:10-13). 비록 바울이 여기에서 영적인 차원에서 논하고 있지만 아브라함의 계약의 요소인 물질적인 것을 배제시키지는 않는다.

근했지만, 그도 보상 입장과 비슷한 결론에 도달한다. 그는 구약이 '윤리강요(intrusion ethics)'를 증언하고 있고, 그 윤리가 만인은총(common grace)의 시대로 바뀜으로 윤리의 완성이 이루어진 것으로 단정한다. 그는 특히 시내산 계약의 윤리가 신약시대에는 부적합하기에 만인은총 원칙에 의해 폐기될 것으로 예상하지만[53], 그러나 그 윤리가 실현될 것을 믿는다. 그렇다면 그때에는 신앙인들이 "불신앙인을 향한 태도를 이웃사랑에서부터 완전한 증오[54]로 바꿔야 할 것이다." 증오와 복수의 탄식으로 표현된 저주시편은 신적 만인은총으로 폐기된 것이기에 크리스천 교회에 의해 합법적으로 받아들여질 수 없다.

클라인은 만인은총의 원칙 중 하나로서 "그리스도께서 누군가를 위해 죽으신 바로 그 누군가를 파멸시키려 해서는 안 된다."[55]고 주장한다. 해리 메네가(Harry Mennega)는 클라인의 의견을 나누면서 주장하기를

특별한 계시에 의한 것이 아니라도 옛 시편 저자들이 했던 것처럼 누가 타락했는지 아닌지를 우리는 알 수 있다. 따라서 하나님 나라에 대해 적의를 가지는 개인이나 그룹의 행동을 지적하기 위해 우리는 결코 시편을 이용하면 안된다. 오늘의 하나님의 적이 내일 하나님에게 선택된 그릇이 될지도 모르기 때문이다.[56]

---

53) Meredith G. Kline, *The Structure of Biblical Authority* (Grand Rapids: Eerdmans, 1972), 160.
54) Ibid
55) 위의 책, 161

어쨌든 좀 더 폭넓게 해석해 보면 이 마지막 주장은 맞는 말이다. 따라서 시편저자들이 누가 타락한[57] 자인지를 신의 섭리 안에서 하나님의 영으로 확실히 안다고 거론하는 것을 거부해야 한다. 어쨌든 그들은 누가 하나님의 숙적이며 누가 하나님의 백성이었는지 알고 있었다. 성경 어디에서도 그런 적에 대해 하나님의 심판을 청원하는 것이 금지되지는 않는다. 쥬크(Zuch)는 곧바로 현 시대 속에 저주가 명백히 실재하는 것을 인정하며, 고전 16:22; 갈 1:8-9; 5:12; 딤후 4:14; 그리고 계 6:9-10을 인용한다. 그는 저주를 "주님의 적으로 공인된 자들, 그리고 예수 그리스도의 복음을 냉혹하게 반대하고 잔인하게 적대시하는 자들에게 대항하는 것"[58]으로 설명한다. 쥬크의 저주에 대한 이해는 구약의 바로 그 관점으로, 즉 하나님의 완악한 적들을 대항하는 것으로 설명되어야 한다.

크리스천들이 그 적들을 '영원한 악마의 왕국'[59]과 똑같이 여기고, 그들에게 심판이 확실히 임하는 것을 기원하려고 하나님께 부름 받은 것은 결코 아니다. 그러나 그리스도 자신은 "너는 그들을 그들의 열매로 알게 될 것이다."(마 7:16-20)라는 경험적 방법을 원칙적으로 적용함으로써[60]

---

56) Harry Mennega, "The Ethical Problem of the Imprecatory Psalms" (Th. M. thesis, Westminster Theological Seminary, 1959), 87.
  Robert L. Thomas, "The Imprecatory Prayers of the Apocalypse," *Bibliotheca Sacra*126 (1969):129-30.
57) 시편에 나타난 하나님의 영감은 시편저자의 인간적인 지식을 필요로 하지 않는다.
58) Zuck, "The Problem of the Imprecatory Psalms," 64, 66.
59) Mennega, "The Ethical Problem of the Imprecatory Psalms," 94.
60) 비록 이방법의 증명이 충분하지 않다 할지라도, 크리스천의 매일의 생활 속에서 분명한 지침이 된다.

타락한 자와 선택된 자를 구별한다.[61]

　H. G. L. 필즈(Peels)는 비록 구약의 저주기도가 신약의 윤리적 관점에서 비난받는 것이 온당치 않지만, "구약의 시편저자들이 행한 것과 같은 태도로 신약의 상황에서 저주기도를 하는 것은 불가능하다"[62]고 믿는다. 그는 이런 관점을 십자가에서 일어났던 근본적 변화에 근거를 둔다. "그리스도의 십자가가 하나님 정의의 한계적이고 가시적인 계시이기 때문에 저주기도는 필히 수정되어야 한다".[63] 그는 저주기도가 신약의 상황에 알맞게 변형될 때 종말론적으로 규정지어지고 부분적으로는 영적으로 해석되어질 수 있다고 주장한다. 그것은 대항하는 모든 힘[64], 특히 악마의 왕국과 그 힘에 대항하는 일반적인 저주의 형식을 취하기도 한다.

　이러한 필즈의 입장에 대해 두 가지 문제가 제기된다. 첫째로, 신약에서 성자의 영적 안녕과 종말론적인 희망에 실제 더 확실한 강조가 맞춰져 계시의 발전으로 확대되어가고 확실시 되어가는 한편, 구약의 성자들의 경험에서도 이 두 가지는 중점적인 요소이다. 그들은 주변 다양한 국가[65]들의 대립적인 '잡신들'을 일상에서 경험해왔고, 여러 다양한 면에서 앞으

---

61) John Calvin, *Commentaries on the Epistles to Timothy, Titus, and Philemon*, trans. William Pringle (1556; 재판, Grand Rapids: Eerdmans, 1948) 269.
62) H. G. L. Peels, *The Vengeance of God: The Meaning of the Root NQM and the Function of the NQM-Texts in the Context of Divine Revelation in the Old Testament*, Oldtestamentische Studien, ed. A.S. van der Woude (Leiden: E. J. Brill, 1995), 31:246
63) 위의 책, 245
64) 위의 책, 246
65) 신 32:16-17; 수 24:14-15; 삼상 4-6; 왕상 17-18.

로 올 시대의 희망을 보았고, 그것은 예언자들에 의해 반복적으로 언급되었다.[66]

두 번째 문제는 신약성경 안에서 비난의 여지없이 극도의 개인적 저주로 간주하는 것이다. 해당 귀절은 사도행전 8:20과 갈라디아서 1:9이다. 베드로는 귀신들린 자 시몬이 성령의 힘을 사려고 할 때 "네 은과 네가 함께 망할지어다!"[67](행 8:20)라고 저주했다. 바울은 갈라디아 교회로 잠입하여 다른 "복음"의 합법성을 선포했던 유대인들에게 격렬한 '저주'를 뿜어댔다: "만일 누구든지 너희가 받은 것 외에 다른 복음을 전하면 저주를 받을지어다."(갈 1:9) 회개의 소망을 의미하고 제안하는 동안 이 저주들은 반대자들의 영원한 입장에 대해 하나님의 선포로서 확실한 결론을 내린다.(행 8:22)

비록 하나님의 정의가 그리스도의 십자가에서 계시되었지만, 그러한 계시조차도 하나님 백성에 대항하는 완고한 불의를 제거하지도, 하나님 정의를 탄원하는 그들의 정당성을 누그러뜨리지도 못한다. "아버지, 그들을 용서하옵소서"(눅 23:34)[68]라는 십자가상의 그리스도의 말도 그들의 탄

---

66) 사 2; 4; 11; 19:16-25; 24-27; 34-35; 60-62; 65:17-66:24
67) I. Howard Marshall, *The Acts of the Apostles*, The Acts of the Apostles, Tyndale New Testament Commentaries, ed. R. V. G. Tasker (Leicester: Inter-Varsity, 1983), 159.
68) 예수의 말씀이 마음이 굳고 단단한 유대종교지도자들에게가 아니고 로마인을 지칭하는 것을 유의해야한다. 예수를 처형하고 옷을 나누어 가진 자들을 로마인으로 기술한다(눅23:33). 반면에 스데반의 죽음의 집행인은 완고한 유대인으로 묘사된다(행 7:59-60). 딤후 4:14-16의 구리세공 알렉산더 역시 바울에 의하여 완고한 원수로 기술되지만 "주님께서 그가 한 것을 갚으리라(딤후 4:8)"고 기록되어있는 반면, 예수와 스데반은 "그들의 죄를 그들에게 돌리지 말라고"고 말한다.

원을 묵살하지 못한다. 오히려 신약성경은 땅에 속했으나 하늘에 도달한 성자들의 입으로 신성한 복수를 위해 탄원하는 것을 계속적으로 기록한다(계 6:9-10을 주목).[69]

그리스도의 노래

"시편에서의 '나'는 누구인가? 적의 멸망을 탄원하는 이는 누구인가?"라는 물음이 종종 질문되어진다. 일개의 신앙인인가 아니면 계약 공동체인가? 다윗인가 다윗왕조인가? 그러한 기도를 하는 주체가 그리스도 자신인가 아니면 그를 통한 크리스천인가? 실제로 제임스 아담스에게 있어서 이것은 저주시편과 더불어 다루어지는 비평적 이슈이다. 만일 네 개인적 원수가 멸망하도록 하나님께 탄원한다면 곧 그것이 본질적으로 원수를 저주하는 것이요, 곧 죄스러운 일이다. 그러나 만일 평화의 왕이 하나님께 그의 적을 멸망시키도록 요청한다면 그것은 또 다른 문제이다!"[70] 아담스는 더 나아가 이러한 시편들을 "분노한 자의 감정적인 기도가 아니라, 바로 우리의 평화의 왕자의 바로 전쟁의 울부짖음[71]으로 묘사한다. 실제로, 이러한 시편들은 "우리 주 예수의 사랑의 입을 통해 들었을 때 겨우 납득이 가능하다."[72]

---

69) 예, 79:10
70) James E. Adams, *War Psalms of the Prince of Peace: Lessons from the Imprecatory Psalms* (Phillipsburg, N.J.: Presbyterian & Reformed, 1991), 21.
71) 위의 책, 33
72) Ibid

이 아담스가 제2차 세계대전의 독일인 순교자 본훼퍼와 일치하는 것은, 비록 다윗이 그의 적을 향해 저주기도를 울부짖었으나, 본훼퍼는 다윗의 줄기로부터 나온 예수 그리스도를 모델로 삼아 항거했다는 것이다."[73] 좀 더 정리하면, "그리스도 자신이 그의 선구자 다윗을 통해 기도했다는 것이다."[74] 크리스천 개인이 "그리스도와 그의 공동체 속에 참여하는 한 그들은 메아리치듯 기도를 하게 된다."[75]

본훼퍼는 저주시편을 기도로 간주하나, 일반적으로 죄에 대해 가해지는 하나님의 심판처럼, 총체적인 불의에 대한 하나님의 복수를 실행시키기 위해 저주시편은 그리스도의 십자가를 전적으로 만족시킬 역사적 심판을 위해서는 그다지 충분치 않다고 본다:

하나님의 복수는 죄인을 치지 않으나 죄인의 자리에 서있는 죄없는 자, 이름하여 하나님 자신의 아들을 치셨다. 예수 그리스도는 시편의 기도를 완성시키기 위해 하나님의 복수를 견뎌냈다. 그는 죄에 대해, 그리고 신의 심판이 집행되는 동안 기도했다; '아버지, 저들을 용서하소서, 저들은 자신이 무엇을 하는지 모르고 있습니다!' … 하나님이 미워하는 그의 적들을 의로운 자로 새롭게 방향을 고치고, 이제는 그들의 용서까지 청하고 계시다…이와 같이 저주시편은 예수의 십자가로, 원수까지 사랑하

---

73) Dietrich Bonheoffer, *Psalms: The Prayer Book of the Bible*, trans. J. H. Burtne.ss (Minneapolis: Augsburg, 1970), 18.
74) 위의 책, 19.
75) 위의 책, 21.

라는 하나님의 사랑으로 인도한다. 나는 하나님의 원수들을 내 힘으로는 용서할 수 없다. 단지 고난당하는 예수가 저주시편을 똑바로 기도하도록 우리를 가르치신다.[76]

구원자를 향한 신적 정의(divine justice)는 십자가 안에서 충분히 만족되었다; 그러나 타락자를 향한 신적정의는 영원한 지옥고통[77] 없이는 충분히 만족될 수 없다. 의로운 자에게서 탄식을 자아내는 것은 그러한 타락자가 저지르는 불의에 대한 벌이 없기 때문이다. 게다가 다윗이 실제로 그리스도의 선구자 역할을 하는 동안, 그의 말은 역사 한 가운데 살았던 한 인간의 감정을 통해 나온 것이다. 모든 의미심장한 다윗의 저주시편들이 그리스도의 십자가와 다른 것은 그들에게서 힘을 강탈한 역사적 상황과 거리가 있다는 것이다.[78]

아담스와 본훼퍼에 의해 제안된 해결방안들은 시편에 있는 저주의 글 중, 구세주 타입의 다윗이 쓰지 않은 저주시편이 갖는 문제에 대해서는 적절한 대답을 주지 못한다. 모든 저주시편들은 그 저자로서 다윗을 지명하고(특히 시137),[79] 그의 이름을 방패삼아 시편에 포함시켜 자리 잡은 것이 만족스럽지 않은 문제도 있다.[80] 그렇다고 선구자로서의 다윗이 성경

---

76) 위의 책, 58-60.
77) 살후 1:5-10; 요 3:16-18, 36; 계 14:9-11; 20:15
78) 마지막 분석에서 다윗의 기능적 유형은 다소 과장되게, 역사적인 상황은 감축되어 기록되어 있다.
79) 시편 137편은 바벨론 포로시기이고 시편 74,79 그리고 83은 아삽을 저자로, 시편 71, 94, 104, 129편은 저자가 미상이다.
80) 본회퍼의 주장도 시편전체가 다윗의 작품은 아니지만, 전체적으로 다윗의 역사적 상황과 유형론적으로 유사함을 주장한다.

의 다른 부분에서 신적 복수를 위한 울부짖음에 대해 말하는 것도 아니다. 만일 자신의 적이나 하나님의 적을 향한 저주가 성경의 다른 한편에서 도덕적으로 적합하다고 간주되고 이것이 그리스도의 입에 합법적으로 올려 지더라도, 이 제안은 저주시편이나 일반적 저주에 대한 이슈에 어떤 해결도 제공하지 못한다.

여러 가지 제안된 해결책들은 저주시편이 기독교 윤리에 관련되도록 제공되어왔다. 비록 이러한 해결책들이 전혀 다른 관점으로 다루어진다 하더라도, 오늘날 각각의 해석에 있어 저주시편을 하나님 백성의 합법적인 기도와 거리를 두는 것은 의미심장한 일이다.[81] 이러한 거리는 그들이 역사를 통해 시편을 사용할 때 기본적으로 이질감을 준다. 실제로 시편은 그 완전성이 묵인되어 크리스천 경전으로 합해지게 되었고, 하나님 백성의 예배집으로 남아있다.[82]

만일 구약성경의 성자가 하나님과 그 백성의 악한 원수에 대항하여 이렇게 기도하는 것이 적절한 것이라면, 역시 우리가 그렇게 하는 것도 마땅하다.[83] 크리스천은 이러한 이해에 나타난 긴장을 포용하면서도, 독특한 균형을 유지해야 한다. 마르틴 루터가 말했듯이 "우리는 적들이 회심하고 우리의 친구가 되기를 기도해야한다. 만일 그렇지 않다면, 그들의

---

81) 부르지만을 제외한 다른 학자들은 같은 위치에 서있다.
82) 크리스천의 삶은 '시편' 들로 서로 화답하며"(에 5:19)를 담고 있다.
83) Robert L. Dabney, "The Christian's Duty Towards His Enemies," in *Discussions by Robert L. Dabney*, ed. C. R. Vaughan (Richmond: Presbyterian Committee of Publication, 1890), 1:711

계획과 행동은 실패에 기인하기에 성공하지 못하고, 그리스도의 왕국과 복음이 아니라 그들 스스로가 멸망한다."[84]

---

84) Martin Luther, *Luther's Works*, vol. 21: *The Sermon on the mount and the Magnificat*, ed. J. Pelikan, trans. J. Pelikan, A. T. W. Steinhaeuser (St. Louis: Concordia, 1956), 1100.

2장_
문화적 상황에서의 저주

시편과 많은 성경의 구절들 여기저기에서 '저주'가 사용된 것은 현대인의 감성에 충격을 준다. 그러나 이 저주들은 국내적이든 국제적이든, 개인적이든 계약관계이든 저주가 삶의 한 부분[1]을 차지하는 문화적 환경에서 발생된 것이다. 많은 저주의 예로서 조약저주, 비문저주, 풀리지 않는 마술저주 등이 발견된다. 실제로 이스라엘의 시편저자들의 저주는 고대 근동지역의 일반적 전통을 따르고 있다.

---

1) 게비츠(Stanley Gevirtz)는 이 콘텍스트 안에서 저주라는 용어는 모독적이거나 감탄적인 선언이 아니다. 다른 사람이 악으로 떨어지거나, 파멸을 기원하는 것이라고 주장한다. Stanley Gevirtz, "West-Semitic Curses and Problem of the Origins of Hebrew Law," *Vetus Testamentum* 11 (1961): 140.

저주는 고대 근동지역의 일상적 삶 속에서 매우 중요한 역할을 한다. 사회-경제적, 법률적, 제의적, 정치적인 공공의 삶과 더불어 개인적인 모든 분야에서도 실제로 저주가 적용된다. 예를 들면 저주는, 시죄법과 같은 법적 진행으로 진리를 밝히고, 조약이나 규정을 준수시키거나, 도둑, 노략자, 약탈자들을 두렵게 하고(무덤, 경계석, 건물의 비문), 경제적 거래에서 정직을 보장한다. 광범위한 상황 속에서 언급된 맹세는 자기저주의 형식이다. 또한 신은 저주를 예방의 목적으로, 또는 벌로 사용한다.[2]

신적 복수에 대한 청원이나 여러 종류의 저주들이 발견된다는 것만으로 고대 이스라엘 사람들의 도덕적 분노를 떠올리지는 않을 것이다. 이 저주들은 단순히 충격이나 증오가 분출된 것은 아니다. 오히려 '합법적' 저주는 '불법적' 저주와 구별되어졌다. 전자는 적합하고 후자는 비난을 받았다. 불법적 저주는 개인적 이득을 위해 순진한 부류의 사람들에게 악의적으로 발설하는 것으로, 또는 마술의 보조로서 '개인적인 원수를 갚는 사적인 복수의 방법'[3]으로서 비밀스럽게 행해졌다. 합법적 저주는 도덕적 질서의 극심한 균열을 막기 위해 신성을 나타내는 공적인 재판으로 행해졌다. 특히 우리가 발견하는 저주시편 속에 언급된 저주의 종류들은 합법적이다.

---

2) H. G. L. Peels, *The Vengeance of God*: 31:237.
3) Josef Scharbert, "ארר" *TDOT*, 1:416.

더군다나 시편에는,

"그러한 불법적인 저주를 퍼붓는 대상이 무신론자인 적이 틀림없지만, 시편저자는 그의 저주기도에서 그의 적들과 같은 죄를 저지르지는 않는다. 저주형식을 담은 그의 기도는 근본적으로 다른 본질을 가지고 있고, 불의에 대항하는 정의, 그리고 무신론자의 저주와 대비되는 하나님의 청원을 담고 있다."[4]

게다가 더 광범위한 고대 근동지역에 있는 이스라엘 공동체의 합법적 저주는 약자의 표현이었다. 사람들이 자신을 적절한 도움이나 방어가 없을 때 사용되었다. 이 탄식은 억압당한 자, 피해자, 불공정하게 비난당한 자들의 목소리였다. 그것은 힘 있고 죄를 깨닫지 못하는 범죄자에 대항하는 것이었다.[5] 실제로 합법적인 저주는 정의를 바라는 하나님 신앙의 행동이었고, 율법과 윤리적 교훈 속에 표현되어 실생활에 반영되었다. 이러한 견지에서 볼 때, 현대 독자들에게 아주 악하고 낯선, 소위 저주시편과 기타의 저주문서들은 계약 백성과 공동체가 도움의 손길이 없을 때 공정한 대우를 확보하는 방법으로서, 야훼의 공정한 법 안에서의 신앙의 표현으로 이해되어야 한다.[6]

---

4) H. G. L. Peels, *The Vengeance of God*, 238.
5) Robert Althann, "The Psalms of Vengenance Against Their Ancient Near Eastern Background," 3-4.
6) Josef Scharbert, "ארר" TDOT, 1:417-8.

고대 근동지역의 저주의 기능

저주조약

고대 근동의 (봉신조약 suzerain-vassal) 조약이 하나의 장르이며, 일반적으로 다음 기본요소가 지속적 패턴으로 따른다:

- 서문은 배경을 소개하고, 영주를 웅장한 언어로 격찬한다.
- 역사적 머리말은 양자 사이의 과거 관계를 묘사한다.
- 계약의 핵인 약정서는 속국에게 부과하고 받아들여지는 의무조항을 기록한다.
- 조약문서의 보관과 전달에 대한 합의가 기술된다.
- 증인들의 목록은 깨뜨린 계약에 원칙적으로 처벌을 가하는 신들이다.
- 계약관계에 있어서의 축복과 저주들은 구체적으로 계약 순종에 대한 축복과 불복종에 대한 저주이다.

이 약조된 축복과 저주의 목적은 군주에 대한, 계약에 대한, 속국의 충성심을 확인하는 것이었다. 비록 영주국이 속국과의 관계에서 지원도 해주고 또 징벌도 주는 그런 적극적인 역할을 하지만, 근본적으로 축복과 저주는 그로인해 성취된 것이 아니다. 오히려 이 조약규정은 성실하게 수행되거나, 위반되는 경우에 신들이 해야 할 역할을 명시했다.[7] 이러한 이

---

[7] John H. Walton, *Ancient Israelite Literature in Its Cultural Context* (Grand Rapids: Zondervan, 1989), 104.

해는 저주의 성취가 하나님에게 위탁되어야 한다고 믿는 신실한 이스라엘 사람들의 마음속에 기반이 되었다.

저주시편이 언급되는 것은 이러한 이해로부터 나온 것이다. 고대 근동의 저주계약은 속국민과 그의 가정 모든 사람들의 삶 전체에 선고된 것이다. 히타이트 조약에는 머실리스(Mursilis)와 아무루의 두피-테섭(Duppi-Tessub of Amurru) 사이에 그러한 저주들이 퍼져 있었다는 것이 확실히 나타난다: 두피-테섭은 이 조약과 저주의 말을 존중하지 않았고, 이 저주의 신들은 두피-테섭을, 즉 그의 아내, 아들, 손주들, 그의 집과 땅 등, 그가 소유한 모든 것들을 함께 파괴했다.[8] 히타이트에 간결하게 기술된 이 저주들은 당대에 여기저기 퍼져나가 앗수르의 데사르하돈 속국조약에도 끔찍한 묘사를 발견할 수 있고,

신명기 28장의 저주도 매우 유사하다.[9] 어쨌든 비록 신들의 왕인 아서가 요청하는 것이라 할지라도 선언되어진 저주의 핵심은 "너에게 악하게 하고 선하게 하지마라"이다.[10] 앗수르 조약에서 발췌된 아래의 저주문들

---

[8] James B. Pritchard, ed., *Ancient Near Eastern Texts Relating to the Old Testament*, 3d ed. with supplement (Princeton, N.J.: Princeton University Press, 1969), 205. 이후로는 ANET로 사용.; Samuel A. B. Mercer, "The Malediction in Cuneiform Inscriptions," *Journal of the American Oriental Society* 34 (1914):302.

[9] Delbert R. Hillers, *Treaty-Curses and the Old Testament Prophets*, Biblica et orientalia 16 (Rome: Pontifical Biblical Institute, 1964), 78.; Kandy Maria Queen Sutherland, "The Futility Curse in the Old Testament" (Ph.D. Diss., Southern Baptist Theological Seminary, 1982),; Joseph Fitzmyer, "The Aramaic Inscriptions of Sefire I and II," *Journal of the American Oriental Society* 81 (1961): 185.

[10] D. J. Wiseman, *The Vassal-Treaties of Esarhaddon* (London: British School of Archaeology in Irag, 1958), 60, 78.

은 우리가 전에 서로 대조했던 문구들을 새롭게 이해할 수 있게 한다.

그는 결코 너에게 부성을 부여하지 않고 노년에 이르게 하지도 않는다.[11]

죄, 하늘과 땅의 밝음이 너를 문둥병으로 옷 입히고;
그는 너를 신들의 존재로 들어가지 못하게 할 것이다.
또는 왕이 (말하기를): "야생 당나귀와 영양처럼 사막을 헤매라"
샤마쉬, 하늘과 땅의 빛이 너를 공정하게 심판 (하지 않고) 말하기를:
"네 눈 속으로 어두워지며, 어두움 속으로 걸어가리라."[12]
나누르타, 신들의 우두머리, 그의 빠른 화살이 너에게 떨어지리라
그가 너의 군대들로 평원을 메우고
너의 살을 독수리와 재칼여우에게 먹일 것이다.
비너스, 별들 가운데 가장 밝은 별, 네 눈앞에서
너의 부인들이 너의 적의 무릎에 눕도록 만들 것이요,
너의 아들이 네 집을 소유하지 못하게 하며,
이방나라의 적이 너의 재물을 갈라놓을 것이다.[13]

그들이 너의 땅을 철강처럼 딱딱하게 해서
네가 번창하지 못하게 하리라
비가 단단한 하늘에서 내리지 않는 것 같이[14]

---
11) 참조. 시 109:8, 그의 연수를 짧게 하시며
12) Pritchard, *ANET*, 155.
13) 참조. 신 28:26
14) 참조. 신 28:23, 레 26:19

비와 이슬이 네 밭과 초원 위에 오지 않을 것이요
네 땅위에 이슬 대신 불타는 석탄비를 내릴 것이다.[15]

굶주린 암양이 너의 여린 살을 그 입에 넣을 것이요,
심지어 그는 너를 너의 형제들, 아들 딸들의 살들로
굶주린 너를 먹일 것이다.[16]

기름이 너의 살로 들어갈 때,
그들은 이 저주가
너의 살[17], 네 형제들의 살, 너의 아들 딸들의
살 속으로 들어가게 만들 것이다.[18]

비르-가야(Bir-Ga'yah)와 아르팟의 마티엘 사이에 있는 시리안 조약은 마티엘 사람과 그의 귀족들이 충성심을 배신한 것에 대한, 문서화된 조약을 망치거나 지키지 못한 사람에 대한 저주 의식을 넘치도록 보여주는 증거이다. 두 나라의 신들을 증인으로 소개한 후에, 조약은 그 땅과 그 비옥함을 '무익하게' 하는 저주를 적는다.

이 저주가 신들의 증언으로 성취된다는 것을 기술한 것은 중요한 점이다: "하닫(Hadad)이 그 위에 땅과 하늘에 존재하는 모든 악한 것들, 모든

---

15) 참조, 시 140:11
16) 참조, 신 28:53-57
17) 참조, 시 109:18
18) Wiseman, *The Vassal-Treaties of Esarhaddon*, 60-78.

고통들을 퍼부으며, 아르팟 위에 돌을 쏟아 부으라! 신들은 아르팟과 그의 백성들에 대항하여 모든 종류의 탐식자를 보내리라!"[19] 이대로 하면 언어는 생생한 의식과 합해지고, 저주는 강화되며 극화된다. "이 초가 불에 타는 것 같이, 마티엘도 불에 탈 것이다… 이 가축이 두 조각으로 잘리는 것처럼 마티엘과 그의 귀족들도 두 동강이 날 것이다."[20]

그리고 조약은 이 조약의 문장들을 손상시키는 사람까지도 신적인 권위하에 저주로 귀결된다: "중심추에 쓰여진 말을 지키지 않는 자, 또는 나는 그의 말을 삭제할 것이다"라고 말하는 자는 누구든지 신이 그 사람과 그의 집, 그리고 그 안에 있는 모든 것을 붕괴시킬 것이다.[21]

고대 근동의 조약이 자기 영주와의 계약을 깬 속국 위에 저주를 내렸듯이 많은 저주시편들도 그러했다. 시편 저자가 그 계약을 심하게 위반한 자를 그의 적으로 보았기 때문에, 시편 저자는 그들을 저주했다. 계약을 깨는 자에 대한 계약 저주는 당연한 것이다. 이와 같이 시편 저자는 계약의 하나님에게 절규한다. 그리고 저주조약은 방어자 뿐 아니라 그의 자녀까지 해당된다. 그래서 역시 시편의 저주들은 적의 자손에까지 연장된 것으로 보여진다(시109:9-13; 137:8-9을 주의하라).

---

19) Fitzmyer, "Aramaic Inscriptions of Sefire I and II," 185
20) 위의 책, ; Dennis J. McCarthy, *Treaty and Covenant: A Study in Form in the Ancient Oriental Documents and in the Old Testament* (Rome: Biblical Institute Press, 1978), 149.
21) 위의 책, 187.

저주비문

축복의 언급이 없는 고대 근동의 조약이나 저주들이 무덤이나 동상, 그리고 경계석(kudurrus)등에 많이 발견된다.[22] 이 저주비석들은 그들이 새긴 기념비를 그 어떤 누구라도 바꾸거나, 움직이거나, 지우거나 문지르는 경우에 무서운 결과가 있을 것을 경고한다. 일반적이고 통념적인 방법이 필요한 만큼의 안전을 보장하지 못할 때 저주는 최후의 수단으로 나타난다: 즉 숨겨진 무덤이 도굴꾼의 영리함에 당할 수 없을 때, 죽은 자에 대한 존경심이 '조상의 업적을 시기하여 그 기록에서 조상의 이름을 지우려 하는 자'를 막지 못할 때'[23], 혹은 자신의 경제적 소득을 위해 타인의 소유를 넘볼 때에 사용된다. 저주시편처럼 저주비문은 무력한 상황에서 거론되어지고, 신에 의해 그 저주의 성취가 이루어진다. 저주 그 자체가 '마술적'으로 행해지지 않기 때문에, 저주를 강화하기 위해 명시적[24]으로 혹은 암시적[25]으로 신들이 초청된 것이다.

---

22) F. Charles Fensham, "Common Trends in Curses of the Near Eastern Treaties and Kudurruu-Inscriptions Compared with Maledictions of Amos and Isaiah," *Zeitschrift fur die alttestamentliche Wissenschaft* 75 (1963): 158.
23) Timothy G. Crawford, *Blessing and Curse in Syro-Palestinian Inscriptions of the Iron Age*, American University Studies: Series 7, Theology and Religion (New York: Peter Lang, 1992), 120:97.
24) Gevirtz, "West-Semitic Curses," 148.
25) John C. L. Gibson, *Textbook of Syrian Semitic Inscriptions, vol. 1, Hebrew and Moabite Inscriptions* (Oxford: Clerendon, 1971), 24.

풀리지 않는 저주에 대한 마술
(Incarnations to Undo Curses)

고대 메소포타미아에서는 해로운 것을 막아내고, 정의를 위해 기도하는 합법적인 저주는 법률과 종교의식 안에 잘 발달되어 보편적으로 실행되고 존중되었다. 그것은 중요한 의식에서만 행해진 것이 아니고, 사람들의 일상생활에서 두루 행해져왔다.[26] 앗수르인의 풀리지 않는 저주를 위한 마술 의식에 대한 다양한 기록은 저주가 얼마만큼 보급되었는지를 보여준다. 그 세 개의 주요 수집품은 마클루, 수르푸, 그리고 우투끼 림누티이다. 고통하는 자는 악한 마녀, 악마, 또는 알지 못할 원인으로 걸린 저주의 효력을 이 의식의 방법으로 풀려고 한다.

"가장 길고 가장 중요한 메소포타미안 텍스트인 마클루(태우는) 시리즈에는 마법과의 싸움(combating witchcraft)을 언급한다.[27] 여기에서 보면, 불평하는 사람에게 요술을 걸어 그에게 고통을 주는 마법사에게 저주가 내려진다.[28] 의식은 마녀의 저주에 의해 고통받는 탄원자의 신분묘사로 시작한다:

---

26) Mercer, "Malediction in Cuneiform Inscriptions," 309.
27) Tzvi Abusch, "The Demonic Image of the Witch in Standard Babylonian Literature: The Reworking of Popular Conceptions by Learned Exorcists," in *Religion, Science, and Magic: In Concert and in Conflict*, ed. J. Neusner et al. (New York: Oxford University Press, 1989) 40.
28) Stanley Gevirtz, "Curse Motifs in the Old Testament and in the Ancient Near East" 114.

나는 밤의 신 당신을 초청합니다.

왜냐하면 마녀가 나에게 마술을 걸었기 때문입니다.
교활한 그녀가 나를 비난하고,
나의 남신과 여신을 나로부터 떼어놓았기 때문입니다.
나는 나를 바라보는 그들의 목전에서 병이 나고,
그래서
밤낮을 쉴 수가 없습니다.

그녀가 나를 대항하여 악한 일을 행하고 이유없이
나에게 마술을 걸리게 했기 때문에
그녀는 죽고 나는 살리라!²⁹⁾

복잡한 의식의 클라이막스는 원 저주를 뒤집는 선언적인 기원이다:³⁰⁾ "나에게 주술로 마술을 건 마녀여, 나에게 마술을 건 것처럼 마술에 걸려라!"³¹⁾ 다시 주문 소리가 났다. "내 입의 저주로 네 입의 저주를 끄리라!"³²⁾ 그리고 '불타는' 이라는 이름이 암시하듯이 탄원자에게 마술을 건 마법사

---

29) Abusch, "Demonic Image of the Witch," 32-33.
   참조. Sigmund Mowinckel, *The Psalms in Israel's Worship*, trans. D. R. Ap-Thomas (Nashville: Abingdon, 1967), 2:3-7.
30) 참조. 시 7:17
31) Gerhard Meier, *Die Assyrische Beschworungssammlung Maqlu* (Berlin: Archiv Fur Orientforschung, Beiheft 2, 1937, 12.
32) Tzvi Abusch, "An Early Form of the Witchcraft Ritual Maqlu and the Origin of a Babylonian Magical Ceremony," 18.

의 초나 나무 입상이 녹거나 불에 타고, 이 시리즈를 구성하는 주술이 이 마법사들 -초상-이거나 그들을 파멸시킨 불신에게 내려진다.[33]

수르푸 시리즈는 비록 그것이 "불타다"라는 의미를 갖지만 마클루의 동정적인 보복 마술이라기보다 알 수 없는 공격으로부터 개인적인 정화를 위한 의식이다. 이 의식에서는 고통당하는 사람은 신이나 기존 세계질서를 범한 것에 대한 죄 값으로 받는 병에서 풀려남을 간구한다.[34]

갈루-악마갈은 악한 저주는 (이) 사람에게 내린다.
벙어리가 되고 눈도 멍하게 된다.
병적으로 해로운 벙어리가 그에게 내린다.
악한 저주, 서언, 두통.
악한 저주는 이 남자를 양처럼 살육한다.
그의 신은 그의 몸을 떠났다.
그에 대해 항상 충분한 관심을 했던 그의 여신은 옆으로 비낀다.
벙어리와 멍한 눈은 그를 끊임없이 둘러싸고 압도한다.

"가라 나의 아들 마르둑!
그를 순수한 세정의 집으로 데리고 가라,
그의 몸을 악한 것으로 방해하고
그의 서언을 풀고, 그의 맹세에서 놓아주라,

---

33) Erica Reiner, Surpu; *A Collection of Sumerian and Akkadian Incantations* (Graz: Archiv Fur Orientforschung, Beiheft 11, 1958), 2-3.
34) 위의 책, 3.

그것은 그의 아버지의 저주이고
그의 어머니의 저주이며
그의 형의 저주이고
그도 모르게 살해된 자의 저주-
에아(Ea)의 매력에 맹세를 표명함으로
양파처럼 껍질이 벗겨지고
이 날들 같이 벗겨지고
이 매트처럼 풀려진다.
맹세, 하늘의 이름으로 간청되고, 땅의 이름으로 간청될지어다!"[35]

메소포타미아 마법적 주술의 세 번째 수집품인 우투키 림누티(Utukki Limnuti) "악한 영들"에는 악마로 인한 육체적인 병의 저주를 괴로워하는 탄원이다.

망토를 두른 남자 같은 악한 마귀,
몸을 훑어보는 악한 영, 악한 악마
병든 몸을 때리는 학(Hag) 마귀와 굴(Ghoul)

악한 저주가 그의 몸에 자리를 잡았고,
그들은 그 몸의 악마와 죄를 던져버렸다.
베놈(Venom)과 악함이 그에게 정착했고

---

35) 위의 책, 30-31

그들은 그에게 악마를 던졌다.

그 악한 사람, 얼굴도 악하고, 입도 악하고, 혀도 악한,

악한 주문, 마법, 마술

요술, 그리고 모든 악마적인 것

병든 자의 몸에 의거하는 것[36]

표면상 악마에게 거는 마법 속에는 인간적 요소인 말에 의한 저주와 마술이 연결되어 있다는 것을 주목하라.

저주의 힘

대부분의 고대 근동세계에서 행해진 저주는 '자율적(automatic) 혹은 자기성취적(self-fulfilling)'이며, '주술'의 성격도 바라는 결과에 영향을 미치는 실체와 힘을 가지는 것으로 생각되었다. 이러한 고대적인 관점에서 저주의 힘은 그 고유의 형식이 있고, 더 힘있는 주술일수록 더 힘있는 저주가 나온다.[37] 비록 저주를 푸는 과정에서 주기적으로 신이 등장하기는 하지만, 이러한 주술의 원리는 마술적이며, 이런 관점은 메소포티미아 마법 시리즈로부터 합법적으로 유래해온 것이다. 정형화된 주문과 의식

---

36) R. Campbell Thompson, *The Devils and Evil Spirits of Babylonia* (London: Luzac & Co., 1903; reprint, New York: AMS, 1976), 1:5, 7.

37) Sheldon H. Blank "The Curse, Blasphemy, the Spell, and the Oath," *Hebrew Union College Annual* 23 (1950-51): 78

은 주술을 푸는 데 결정적 영향을 준다. 열정적인 기도와 상징적 행위 사이의 연결성에 대해서는 죠세프 샤버트(Josef Scharbert)는 "고대 근동지역 사람들은 실제로 신이 그런 형식과 행동들을 통하여 개입하는 것으로 믿었다"고 주장한다.[38]

어찌했든 저주의 힘, 특히 마녀의 저주와 풀리지 않는 이 저주들에 대한 주문들이 넓은 근동 지역 안에서 행하여진 많은 증거들이 있지만, 이런 것이 전부를 대변할 수는 없다. 오히려 최소한 합법적인 저주로 실형을 주는 사법권들이 신의 법이라는 것이 근본적인 신앙이었다. 이 신앙은 현존하는 조약과 비문저주에 나타난다. 이들 조약과 비문에는, 신들이 저주를 규정할 것이라고 명시적으로 수록되어 있거나, 그런 생각이 강하게 암시된다. 이 텍스트들에서는 주문하는 말 자체에는 의미가 없다. 저주의 힘은 신들의 권위 속에 있다.

이러한 논리와 반대로, 히브리 저주형식(אר ה 아루르, '저주되다')은 수동태를 지배적으로 사용함으로서 가지는 고유의 힘이 있기 때문에, 신의 대변자가 그 능력을 채울 필요가 없다는 형식을 가지고 있다. 그러나 이런 전제는 더 넓은 구약의 범위에서 보여지는데, 야훼 자신이 암시적으로 혹은 명시적 중재자로 저주 뒤에 있다는 것이다. 실제로 정통 이스라엘의 신학에는 하나님이 독립적으로 움직이지 않는다. 그는 모든 존재의 근원이요 축복과 저주의 힘을 포함한 모든 힘의 원천이다. 그의 의지를 떼어

---

38) Scharbert, ארר 1:416

놓고는 어떤 저주도 효과가 없다.[39] 그의 전능함 속에서만 저주를 축복으로,[40] 축복을 저주로[41] 전환시킬 수 있다. 특히 아브라함에게 하신 약속은 야훼께서 그의 백성들과 맺은 계약에 기초를 둔 것으로 성경 전반에 쓰여져 있고, 동사도 능동태로 사용되며, 야훼도 자신을 드러내어 행동하는 것(אאר 아오르)으로 표현된다. 그러므로 야훼는 단호히 그 스스로 자기 백성을 향해 저주의 힘을 특권으로 행사한다. 창세기 12:3에 야훼께서 "너희를 저주하는 자, 내가 그를 저주할 것이다" 선언한다. 그리고 이 선언은 모든 개인적 저주의 기초가 이 계약적 컨텍스트 안에 있다는 것이다.

이와 같이 이스라엘의 삶 속에서 발설된 저주의 효력은 전적으로 야훼의 힘에 의존한다. 허버트 브리치토(Hebert Brichito)는 이스라엘 종교가 주변의 이데올로기에 대조되어 뚜렷이 서있다는 것을 주목한다. 메소포타미아는 마술에 적셔져 있으나 이스라엘은 전쟁으로 그것을 가차없이 없앤다. 메소포타미아에는 신들조차 마술의 힘에 대한 주체이다. 이스라엘에서 야훼는 힘을 넘어서는 최상의 독립적 존재이고, 모든 힘의 근원이다.[42]

더구나 히브리 저주는 저주받은 사람의 죄를 벌하기 위해 정의의 하나

---

39) 민 23:8
40) 신 23:6
41) 말 2:2
42) Herbert Chanan Brichto, *The Problem of "Curse" in the Hebrew Bible*, Journal of Biblical Literature Monograph Series (Philadelphia: Society of Biblical Literature, 1968), 13:212.

님은 베일로 그 얼굴을 가리거나 또는 노골적으로 나타난다. 이 때문에 히브리 잠언은 자신 있게 주장한다. "까닭없는 저주는 참새가 떠도는 것과 제비가 날아가는 것 같이 이루어지지 아니하느니라"(잠 26:2). 이와 같이 신적인 것과 자동적 법규가 묘하게 섞이는 것을 허용했던 고대 근동의 저주에 대한 좀 더 넓은 개념과 대조해보면, 이스라엘의 저주는 전적으로 그 마술적 성격이 없다.[43] 남아있다면 주권자이며 정의롭고 연민을 가진 계약의 하나님이다.

---

43) Althann, "The Psalms of Vengeance Against Their Ancient Near Eastern Background," 4.

PART II

잔혹성을 담은
세 개의 시편

3장_ 혈욕(Blood Bath): 시편 58

사회적인 적에 대항하는 저주

음악 인도자를 위해: "파괴하지 마라"; 다윗의 믹담 시

통치자[1]들아 너희가 정의를 말해야 하거늘 어찌 잠잠하냐

인자들아 너희가 올바르게 판결해야 하거늘 어찌 잠잠하냐

아직도 너희가 중심에 악을 행하며

땅에서 너희 손으로 폭력을 달아 주는도다

악인은 모태에서부터 멀어졌음이여

---

1) 히브리어의 모음에 문제가 있다. elem אלם 이 elim אלם (출15:11)으로 잘못 표기되어 있을 가능성이 있다.

나면서부터 곁길로 나아가 거짓을 말하는도다

그들의 독은 뱀의 독 같으며

그들은 귀를 막은 귀머거리 독사 같으니

술사의 홀리는 소리도 듣지 않고

능숙한 술객의 요술도 따르지 아니하는 독사로다

하나님이여 그들의 입에서 이를 꺾으소서

여호와여 젊은 사자의 어금니를 꺾어 내시며

그들이 급히 흐르는 물 같이 사라지게 하시며

겨누는 화살이 꺾임 같게 하시며[2]

소멸하여 가는 달팽이 같게 하시며[3]

만삭되지 못하여 출생한 아이가 햇빛을 보지 못함 같게 하소서

가시나무 불이 가마를 뜨겁게 하기 전에

생나무든지 불붙는 나무든지 강한 바람으로 휩쓸려가게 하소서

의인이 악인의 보복 당함을 보고 기뻐함이여

그의 발을 악인의 피에 씻으리로다

그때에 사람의 말이 진실로 의인에게 갚음이 있고

진실로 땅에서 심판하시는 하나님이 계시다 하리로다

- 시편 58편

---

2) יתמללו yitmolalu는 문학적으로 '철저히 할례받은'의 뜻인데 은유적으로 여기에 쓰였다.
3) 비슷한 용어가 시편과 다른 책들에 쓰이긴 하지만, 이 단어는 hapax legomenon(구약성서에서 단 한번만 쓰인 단어)이다.

누가 저주를 받는가

이 개인적인 애가의 저주의 본질을 고려해 볼 때 두 가지 질문이 가능하다: 첫째는, 누가 저주되고 있는가? 둘째는 그들은 어떤 종류의 사람인가?하는 질문이다. 다윗의 시편 중 저주의 목적은 정의가 적절히 분배되었는지를 확인하는 공동체의 통치자들이나 '판관들'이다. 실제로 시편 58편은 법적 아이디어가 아이로닉하게 구성되어있다: 1절에 인간의 '네가 심판한다'(you judge)는 귀절은 11절에 신(divine)의 '심판하시는 분'(who judge)라는 말과 대조된다. 1절의 인간인 '신들(gods)'은 11절의 신적인 '하나님(God)'과 대조된다. 땅 위에(2절) 인간의 정의가 없음은 11절에 신적정의의 소망으로 답변된다. '의'에 대한 인간적 사악함(1절)은 '의'(11절)에 대한 신의 징벌을 자극한다.

그 땅의 지도자로서 이 '신들(gods)'의 정체성은 시편 82편의 상황에서 나온다. 시편 82편에서는 백성의 통치자들이 '신들'로 언급된다. 구조적인 면에서도 주제의 발전, 연설하는 태도 등 시편 82편은 시편 58편과 같은 점이 많다. 비록 시편 83편이 하나님이 주재하는 신의 집회(assembly)에 대한 장면으로 시작하지만, 그것은 곧바로 타락한 인간의 리더십에 의한 왕국(realm)의 이미지로 전락한다. 심지어 이 '신들'은 인간처럼(7절)[4] 당연히 죽을 것이다. 58:1절에 시편 저자들은 하나님의 최고 권위를 기준

---

4) 참조, 요 10:34-36에는 '하나님의 말씀을 받은 사람'을 '신'으로 말하면서 유대인들과 논쟁하는 있는 예수의 이해는 시편 82편과 관련되어있다고 할 수 있다.

에 따라 그들의 권위가 실행되었는가를 물으면서 이 '신들의 통치'[5]를 비꼬고 있다.

사회적 정의를 위해 이 개인적인 신들의 통치가 있어야 하기 때문에, 이들 개개의 성격은 부정한 것(1-2절)으로, 연대적으로 부정직한 것(3절)으로, 사납게 폭력적인 것(2절, 6절)으로, 미련하게 그리고 치명적으로 사악한 것(3-5절)으로 묘사된다. 히바드(F. G. Hibbard)는 이것에 관해 실례를, 가정예배 중에 있었던 경험을 바탕으로 다음과 같이 쓰고 있다.

나는 저주시편의 한편을 읽고 있을 때, 열 살 된 내 어린 아들이 진지하게 "아버지, 착한사람이 원수가 그토록 파멸되도록 기도하는 것이 옳아요?" 라고 물음과 동시에 "그리스도가 그 원수를 위해 기도하시지 않았느냐"고 나에게 물었다. 나는 잠시 멈추어 어찌 대답해야 그 질문에 맞는 충분히 만족할 대답을 해 줄 것인가 생각하면서 말했다. "아들아, 만일 강도가 밤에 집에 들어가 네 어미를 죽이고 도망쳤다면, 경찰과 시민들은 모두 그를 추적하여 잡으려 할 것이다. 너는 하나님께 그들이 그를 잘 체포하도록, 그래서 정의를 가져올 수 있도록 기도하지 않겠느냐?" "그건 옳아요, 그것까진 생각하지 못했네요. 이 시편의 의미가 그것인줄 몰랐었어요." "그래, 아들아, 다윗 왕이 기도로 저주했던 사람들은 피를 흘리는, 거짓과 범죄를 저지르

---

[5] '신들' 을 하늘의 법정에 두지 않고 땅의 지도자로 말하는 것은 다음 본문의 증거에서 알 수 있다, ① 1절과 11절까지 감싸 있는(inclusio) 인위적인 구조의 형태. ② "오! 사람의 아들아"와 "오! 하나님"을 부르는 호격의 같은 형태 ③ '악한 자들' 들 규정하는 두 그룹 ④ 인간을 지칭하는 '악한 자' (3,10절) ⑤ 1절의 '신' 이 3절의 '악한 자' 와 대립하여 나타나는 것 등이다. David P. Wright, "Blown Away Like a Bramble: The Dynamics of Analogy in Psalm 58," *Revue biblique* 103 (1996), 219.

는, 자신의 삶을 위해 사회의 평화를 파괴하는 적들, 그들이 체포되지 않고 사악한 계책이 실패하지 않음으로 해서 많은 순진한 백성들이 고통당해야만 하는 것이다." 이 설명은 그의 생각을 충분히 만족시켰다.[6]

이와 같이 이 시편에서 다윗은 하나님의 율법을 범하고, 무지로 인해 해를 끼치며, 사전에 계획했거나 반복적인 범죄가 아니고, 어쩌다 자칫 잘못을 저지르는 죄인에게 하나님의 복수를 청원하지는 않는다. 다윗은 하나님의 의를 거스르거나, 직위를 상습적으로 난폭하게 과시하는 자들을 비난하고 있다. 특히, 그 울부짖음은 공무원, 입법, 사법의 권위적인 자리에 있으면서 그들의 힘을 악한 일과 사라사욕을 위해 착취하는 자들을 향하고 있다.

신앙의 소리

더구나, 사회가 부정으로 가득 차 있는 상황에서, 시편 58편은 시편저자 스스로 혹은 다른 신앙인의 질문에 대하여 대답하는 신앙고백이다. 이러한 질문들은 신앙의 핵심적 물음이다:

- 진정 주 하나님께서 이 땅 위에 정의를 실행하실 수 있을까?
- 악한 자가 처벌받지 않고 소송되지 않는 상황에서 의로운 자가 하나님을 계속 신뢰한다는 것이 가능한 일일까?

---

[6] F. G. Hibbard, *The Psalms Chronologically Arranged, with Historical Introductions; and a General Introduction to the Whole Book*, 5th ed, (New York: Carton & Porter, 1856), 120.

실제로 "실존의 기본적 원칙들은 계속 실험되고 있다."[7] 존 파이퍼가 강조하여 말하기를 만일 하나님이 그의 적과 그의 백성들을 탄압하는 자들 위에 복수를 하지 않는다면

"그의 계약은 아무 가치도 믿을 수도 없는 하나님이다. 왜냐하면 그런 하나님을 믿던 안 믿던 그에게는 아무 차이가 없기 때문이다. 신앙과 불경이 그에게는 똑같기 때문에 그 이름의 위대성과 가치를 절하한다. 아니 오히려 불경에 더 큰 몫을 하례함으로 더 나쁘게 된다."[8]

의로운 자의 기쁨이 이해되어야 한다는 것은 그러한 맥락으로 볼 때 정의롭지 않다. 하나님이 악한 자를 심판하고 불의를 벌하는 복수를 할 때 의로운 자는 즐거워한다. 하나님은 정의를 회복시켜 모든 의심과 질문들을 잠재울 것이다. 그것이 기쁨이고 영원한 하늘의 구원이며 하나님 백성이 성자가 되어 자유함을 얻고, 정의를 회복하고, 하나님을 무죄 방면하는 것이다.[9]

하나님의 적들을 파멸시키고 얻는 하나님 백성의 기쁨은 경전인 성서의 언어와 이미지들을 통해 흐르고 있는 테마이다. 그것은 모세의 노래(신 32:43)에서 시작하고, 시편(58:10)에서 표현되고, 예언서(예 51:48)에서 선포되고, 계시록(18:20)에서 클라이막스에 다다른다.

---

7) H. G. L. Peels, *The Vengeance of God*, 31:218
8) John Piper, *"Love Your Enemies"* 117; John Calvin, *Commentary on the Book of Psalms*, 2:379. 칼빈은 만일 정의가 보상받지 못한다면, 우리는 믿지 않는 다는 공포를 소중히 하지 않아도 된다. 왜냐면 하나님이 이상의 통치를 포기하셨고 관심두지 않기 때문이라고 제시한다.
9) 참조. Peels, *Vengeance of God*, 31:218

상상력의 강도

그러나 누군가 "상상력의 강도는 어떤가? 시편 저자는 그런 끔찍한 언어로 기도할 수 있었을까?"를 묻는다면, 의심의 여지없이 이 시편, 특히 10절이 "구약성서에서 가장 두려운 구절의 하나라고 대답할 것이다. 한 텍스트에 있는 복수심, 기쁨, 혈족욕 등의 표현은 직관적인 혐오를 야기한다."[10] 이 질문과 관련하여 여기서 들리는 소리는 시라는 것을 인식해야 한다. 설화에서 냉정하게 묘사되는 개념이 시에서는 다소 감정적으로 표현되어야 한다.

더 나아가, 고대 셈족들은 현대 서구세계처럼 좀 더 고상한 말로 표현하려는 경향이 있었다. 구약성서는 미워한다는 말을 거절과 부정적인 표시로 사용했다[11](시139: 21- 22; 호 9:15; 말 1:2-3 등의 구절에 있는 다양한 뉘앙스). 피에 관한 용어는 종말론적 문학 여기저기에서 나타난다. "그의 발을 악인의 피에 씻으리로다"라는 말은 현대인의 귀에는 공격적으로 들린다. 이 말은 전투의 실제 상황의 이미지를 빌어 단순히 힘이 강하다는 이미지를 주고(피의 강을 건너다), 무신론자의 완전한 파멸을 강조하려는 의도가 있다.[12] 또한 성서에서는 예수 자신의 입으로부터 독한 언어

---

10) 위의 책, 31:214
11) 마 10:37에서 예수께서 사랑/미움은 제자도의 가장 중요한 덕목임을 강조하고 있다.
12) 하나님의 원수에 대한 징벌이 눈에 보이지 않더라도 악인들이 멸망하고 승리의 기쁨이 있다는 것이 과장되게 언급된다. 시편 68:21-3에는 "그의 원수들의 머리 곧 죄를 짓고 다니는 자의 정수리는 하나님이 쳐서 깨뜨리시리로다. 주께서 말씀하시기를 내가 그들을 바산에서 돌아오게 하며 바다 깊은 곳에서 도로 나오게 하고 네가 그들을 심히 치고 그들의 피에 네 발을 잠그게 하며 네 집의 개의 혀로 네 원수들에게서 제 분깃을 얻게 하리라 하시도다." Peels, *Vengeance of God*, 31:218

가 들려지는데, 신앙의 관점에서 보면 그러한 언어는 조금도 과하지 않다. 그리고 그리스도가 단순히 조금 미개한 세대를 위해 그의 톤을 맞추었다 생각하지도 않는다. 기독교 경전이 비슷한 언어로 막을 내리고 있음(계 14:19-20; 18:4-8, 20; 19:1-3,15)을 주목하는 일은 교훈적이다. 거기에서 요한은 좀 더 '합리적'인 그리스 문화를 반영한다.

극단적인 상황에서는 열정적 수사학이 자연스럽고 직설적으로 나온다는 것을 생각해야 한다. "그들이 사건을 탄원할 때 고통받는 사람들에게서 나온 말들로 그들을 자극했던 행위들의 강도를 잴 수 있다. 그 행위들은 누구로부터 나온 것은 아니다: 그들은 사랑하기 위해(109:4) 심한 반응을 하는 것이고, 약한 자를 위해 슬퍼하는 것이다(137)."[13] 여기 시편 58편에서는 욕설을 퍼붓는 독설가들이 정의를 위해 극악스러운 침략의 난폭성을 언급하는 만큼 또한 시편저자의 신실한 소망을 표현해낸다.[14] 이러한 정서는 수난과 함께 언급되어야 한다.

이 수난은 직유, 은유, 그리고 심지어 제한된 과장법이 자유롭게 사용된다. 시편 58:6-7에 다윗은 야훼에게 사악한 신들 또는 판관들의 힘을 부수어달라고 탄원한다. 8-9절에 그는 더 나아가 그들의 급살을 기원한다. 10절에는 복수를 위해 야훼께서 개입하리라는 확신이 전장에서의 완전한

---

13) Derek. Kidner, *Psalms 1-72*, Tyndale Old Testament Commentaries, ed. D.J. Wiseman (London:Inter-Varsity, 1973), 27.
14) 크라우스는 "부정의를 참을 수 없을 때, 하나님의 개입의 청원이 다시 들리게 된다"고 제시한다. Hans-Joachim Kraus, *Psalms 1-59: A Commentary*, trans. Hilton C. Oswald (Minneapolis: Augsburg, 1988), 537.

승리의 이미지로 묘사된다.

이 시편은 불같은 감정을 분출하면서, 삶과 신앙이 서로 뒤엉켜 있는 종교와 윤리[15]의 하나됨을 위해 싸우고 있다.

요약과 적용

시편 58편에서 다윗은 공동체의 통치자들을 아이로닉하게 '신들 gods'이라 명명하며, 그들이 법치기능을 제대로 하고 있는지 어떤지를 묻는다. 그는 자신이 던진 질문에 '아니'(1-2절)라고 반응하고, 이어 철저하게 악하고 해로운 이 통치자들의 성격을 묘사한다(3-5절). 6-9절은 시편을 저주시편이 되게 한 저주들을 담고 있다. 생생한 이미지와 직유로 다윗은 이 불의한 통치자들이 무력하게 되도록, 또한 필요한 경우 그들을 파멸해 달라고 간청한다. 이렇듯 열망해온 신의 복수가 실현됨은 가혹하게 고통당했던 의로운 자들의 죄 없음을 입증하고, 그들을 위로하게 될 것이다. 그의 보복은 야훼를 세상의 명백한 최고의 심판관으로 세우게 될 것이다(10-11절). 왜냐하면, 사회악이 만연하여 하나님의 영광과 그의 신실하심이 위태로워졌기 때문이다.

이러한 견지에서 캘빈의 통찰력은 교훈적이다. 시편 56:10을 숙고하면서 칼빈은 의로운 자는 하나님의 행하심을 따라 다음과 같이 해야 한다고 설명한다.

---

15) Erich Zenger, *A God of Vengeance?* 38

의로운 자는 그들의 적들이 구원의 길로 돌아와야 한다는 관점을 가지고, 걱정 어린 마음으로 그들의 회심을 염원하고 막대한 손해를 감내해야 한다. 그러나 마침내 고의적 완고함으로 징벌을 받을 때가 오면 하나님이 그들의 개인적인 안전을 느끼는 정도에서 피로워하는 것을 보고 기뻐해야 한다.[16]

비록 그가 일반적으로 저주에 대한 언급은 주저하지만, 캘빈은 극단적인 경우에는 적합하다고 단언한다. 그 예로 시편 109:16을 주석하면서 그는 다음을 충고한다.

우리가 선택받음과 버림받음을 구별할 수 없게 되면서부터, 우리를 피롭게 하는 모든 이들을 위해 기도하고, 그들의 구원을 바라고, 심지어 모든 개인의 안녕을 위해 조심하는 것이 우리의 임무이다. 동시에 만일 우리의 마음이 순수하고 평화로우면 이것은 마침내 완고한 자를 꺾으시는 하나님의 심판이 나타나도 우리를 막지 못할 것이다.[17]

크리스천은 "우리가 평화스럽고 조용한 삶으로 인도되도록 왕들과 모든 권위자들을 위해 경건하게 그리고 예를 갖춰 기도하도록 부름 받았다" (딤전 2:2). 만일 평화와 경건함에 대한 반복된 울부짖음이 응답되지 못한다면 이 말에 대한 복종은 시편 58편에 담겨 있는 저주들을 수반하게 될

---

16) Calvin, *Commentary on the Book of Paslms*, 2:378.
17) 위의 책, 4:283.

지 모른다. 실제로 이 시편의 독설(venom)은 그들, 즉 절망적인 사람들을 그들의 보살핌 하에서 방어하기보다는 오히려 그들을 박해하고 약탈하는 저들을 위해 준비된 것이다.[18] 이런 이유로 예수조차도 그 어려운 형이 운명 지워진 것이다. 그는 종교 지도자들을 향해 "과부의 가산을 삼키는… 서기관들을 삼가라! 그들이 받는 판결이 더욱 중하리라"(막 12;38, 40) 경고한 것이다.

시편 58편에 다윗 자신이 복수를 추구하지 않고 복수의 하나님에게 간청한 것은 중요하다. 디이트리히 본훼퍼는 "누구든지 하나님께 복수를 위탁하는 자는 그 자신이 복수하겠다는 생각을 버린다는 점을 주시한다."[19] 그래서 하나님의 이미지를 추구하는 모든 사람들과 함께 있어야 한다.

이 시편의 적용은 전제적인(tyranny) 정치와 법적인 것에 맞추고 있다. 이 시편을 낙태시행 금지라는 현재적 상황과 관련하여, 제임스 아담스는 "세상의 심판이 침묵하는 동안 수백만의 태어나보지도 못한 아기들이 미

---

18) 야고보서 5:1-6에 "들으라 부한 자들아 너희에게 임할 고생으로 말미암아 울고 통곡하라. 너희 재물은 썩었고 너희 옷은 좀먹었으며, 너희 금과 은은 녹이 슬었으니 이 녹이 너희에게 증거가 되며 불 같이 너희 살을 먹으리라 너희가 말세에 재물을 쌓았도다. 보라 너희 밭에서 추수한 품꾼에게 주지 아니한 삯이 소리 지르며 그 추수한 자의 우는 소리가 만군의 주의 귀에 들렸느니라. 너희가 땅에서 사치하고 방종하여 살육의 날에 너희 마음을 살찌게 하였도다. 너희는 의인을 정죄하고 죽였으나 그는 너희에게 대항하지 아니하였느니라." 이러한 현재적 화에 대한 경고는 곧 가까이 올 주님의 심판의 확신에서 근거한다(7-11절). 저주시편의 윤리적인 형태는 이와 같지는 않지만, 마지막에 올 하나님의 갚아주심에 대한 확신과 그에 애한 청원은 매우 흡사하다고 말할 수 있다. James B. Adamson, *The Epistle of James*, New International Commentary on the New Testament, ed. F. F. Bruce (Grand Rapids: Eerdmans, 1979), 184 이후부터 NICNT

19) Dietrich Bonhoeffer, "A Bonheoffer Sermon", 469.

국에서 죽음에 처했다. 아니, 더 나쁜 것은 그들이 미국의 자유를 이용하여 적어도 그들 자신의 마음에서라도 태아의 죽음을 정당화한다는 것이다. 그들은 하나님이 악하다 하시는 일을 선하다 부른다"[20]고 생각한다. 게다가 본훼퍼 자신도 나치의 통치 밑에서 민족주의자들의 교회를 저항하여 행동을 취했고 심지어 히틀러 암살시도까지 가담했었다. 그런 가혹한 학대와 줄어들지 않는 고통을 직면하기에 이런 행위는 윤리적인 것이 되었다. 이것은 우리에게 '저주할 때'를 알려준다.

신학적 기반: 하나님의 복수에 대한 약속

모세의 노래

오경(토라, 창세기-신명기)은 하나님 계시의 기반이다. 그것은 단지 처음에 주어졌기 때문만 아니라, 그 안에 비통함이 있고, 기초적인 형식이지만 그로인해 신학이 확대 발전되었기 때문이다. 저주시편도 오경 속에 저주에 대한 그들의 신학이 기초되고 있음은 놀라운 일이 아니다. 실제로 저주에 대한 기초적 자료들이 ⑴ 모세의 노래 속에는 신적복수(divine vengeance)의 약속(신 32:1-43), ⑵ 탈리오법칙(lex talionis) 안에는 신적정의(divine justice)의 원칙(19:16-21), 그리고 ⑶ 아브라함의 계약에는 신적저주(divine cursing)(창 12:2-3)에서 두드러지게 나타난다.

---

20) James E. Adams, *War Psalms of the Prince of Peace*, 103.

시편에 있는 저주들은 근본적으로 하나님과 그 백성의 완고한 적들에게 하나님의 복수가 내리기를 바라는 울부짖음이다. 다른 곳에서와 같이 여기 시편 58편에는[21] 다윗의 뜨거운 울부짖음 위에 신적 복수의 계약의 원칙적 기초를 두고 있다. 비탄에 빠진 하나님의 백성을 위한 신적 복수에 대한 이런 신학은 신명기 32장, 하나님의 백성을 위한 시연과 기억의 노래인 '모세의 노래'의 주되고 가장 고전적인 표현이다.

신명기서는 고대 봉신조약(suzerain-vassal)의 패턴을 따라 구성되어 있고, 이 형태를 유지하는 신명기 32:1-43은 그 계약의 '증거'이다. 모세의 노래의 특성은 하나님 백성의 삶 속에 반복적으로 노래되어 왔던 문학으로 의도적으로 사용되었음을 배경으로 깔고 있다.[22]

더군다나, 모세의 노래는 지속적으로 예언적 기능을 가진다. 그것은 경전 전체에 끝까지 적용되는 하나님과 그의 백성의 지속적인 계약의 증거이다. 경전에는 성인의 피흘림으로 하나님의 복수를 원하는 울부짖음이 계시록 6:9-10까지 나오고, 그리고 19:1-2에서는, 왕권 주위에 모여든 사람들이 그 성취를 기뻐한다. 이런 예언자적 특성은 그 노래의 주요 목적 그리고 부차적 목적으로 그려진다. 첫째는 이스라엘의 배반에 대한 증거이다(신 31:19-21, 28; 32:5-30). 두 번째로 그것은 그 백성의 믿음 없음

---

21) 시편 58:10-11; 79:9-10; 94:1-2
22) 크레이기 (Cragie)는 "이 시편은 계속적인 계약의 약속을 위한 현재적 목적의 노래이기도 하고 또한 미래에 불려 질 노래이다"라고 했다. Peter C. Craigie, *The Book of Deutronomy*, New International Commentary on the Old Testament, ed. R. K. Harrison (Grand Rapids: Eerdmans, 1976) 374. 이후부터 *NICOT*

을 직면하신 하나님의 신실하심의 증거로서 압제자에 대항하여 복수하시는 하나님의 신실하심을 보여준다(신32:4, 31-43)[23].

이 토론을 위해 본문에서 가장 관련된 부분은 신명기 32:33-43이다:

그들[이방의 압제자들]의[24] 포도주는 뱀의 독이요 독사의 맹독이라
이것이 내게 쌓여있고 내 곳간에 봉하여 있지 아니한가
그들이 실족할 그 때에 내가 보복하리라 그들의 환난 날이 가까우니 그들에게 닥칠 그 일이 속히 오리로다
참으로 여호와께서 자기 백성을 판단하시고[25] 그 종들을 불쌍히 여기시리니 곧 그들의 무력함과 갇힌 자나 놓인 자가 없음을 보시는 때에로다
또한 그가 말씀하시기를 그들의 신들이 어디 있으며 그들이 피하던 반석이 어디 있느냐
그들의 제물의 기름을 먹고 그들의 전제의 제물인 포도주를 마시던 자들이 일어나 너희를 돕게하고 너희를 위해 피난처가 되게 하라.

---

23) 드라이버는 "여기의 전체적 상황은 하나님의 백성이 그 은혜로 구원받는 것이고, 파멸의 때가 다가올 순간에 대한 사상이다. 이 시편은 조용하고 연민에서 시작하여 적극적인 격려와 약속의 강조로 마감한다. S. R. Driver, *A Critical and Exegetical Commentary on Deuteronomy*, International Critical Commentary on the Holy Scriptures of the Old and New Testaments, ed. Samuel Rolles Driver et al., 3d ed. (n.p., 1902; reprint, Edinburgh: T. & T. Clark, 1965), 344.
24) 이 본문은 모호하기로 유명한 본문이다. 특히 31절의 '그들'이 배반하는 이스라엘에서 이방 압박자들로 바뀌는 부분은 더욱 그렇다.
25) 야훼는 원칙적으로 이스라엘을 압제하는 이방인을 벌하시지만, 순차적으로 이스라엘 안에서 압제자로 등장하는 자들도 벌하실 것이다. C. F. Keil and F. Delitzsch, *The Pentateuch, Biblical Commentary on the Old Testament*, trans, J. Martin (Edinburgh: T,.&T. Clark, 1866; reprint, Grand Rapids: Eerdmans, 1963), 3:487-88.

이제는 나 곧 내가 그 인줄 알라 나 외에는 신이 없도다. 나는 죽이기도 하며 살리기도 하며 상하게도 하며 낫게도 하나니 내 손에서 능히 빼앗을 자가 없도다

이는 내가 하늘을 향하여 내 손을 들고 말하기를 내가 영원히 살리라 하였노라

내가 내 번쩍이는 칼을 갈며 내 손이 정의를 붙들고 내 대적들에게 복수하며 나를 미워하는 자들에게 보응할 것이라

내 화살이 피에 취하게 하고 내 칼이 그 고기를 삼키게 하리니 곧 피살자와 포로된 자의 피요 대적의 우두머리의 머리로라

너희 민족들아 주의 백성과 즐거워하라 (모든 통치자 "gods"로 그를 예배하게 하라)[26] 주께서 그 종들의 피를 갚으사 그 대적들에게 복수하시고 자기 땅과 자기 백성을 위하여 속죄하시리로다.

암시와 같이

여러 가지 점에서 시편 58과 모세의 노래 후반부는 그 울부짖는 문학적 상황이 비슷하며 또한 신학적으로도 비슷한 의미를 가지고 있다. 첫째로, 시편은 신앙적인 컨텍스트에서 등장했다는 것과 예배 공동체에서 쓰여졌다는 것이다. 이와 같이 그토록 진심으로 열망해왔던 신적 복수는 그 자체로 계시에 앞서, 의로운 자가 계약의 하나님에게 기대하는 자세를 취해야 한다. 그리고 다윗의 일시적 입장에서 약속된 신적 복수를 표현한 완벽한 귀절은 신명기 32장에서 찾아진다.

---

26) 첨가된 부분은 쿰란(4QDeut.)의 원리에도 부합하고 LXX 70인 역에도 그 증거가 있다.

두 번째, 시편 저자가 말하는 사회적 컨텍스트는 압제 앞에서의 무력함이며, 그는 좌절한 백성 앞에서 결정적으로 행동할 수 있는 하나님에게 확신을 가지고 울부짖는다. 가장 중요한 요소는 모세의 노래 맨 마지막 절에 강하게 나온다: 배반한 백성의 모든 힘 (문자적으로 '손')이 이방인 압제자(신32:36)때문에 사라질 때, 하나님은 아무도 구원할 수 없는 것을 그 손의 힘으로 과시한다.(39절) 그는 자기 맹세(40절)로 하늘에 그것을 올려 보내고, 그의 손에 검을 잡고 그의 적에게 복수를 한다(41절).

셋째, 비록 정확한 용어가 지속적으로 일치될 수는 없지만, 비슷한 언어와 개념이 두 구절 사이에 분명히 연결되어 나타난다. 시편 저자는 그가 울부짖을 때 노래를 깨달을 뿐만 아니라, 그는 그 약속을 조심스럽게 기원할 것이 틀림없다.

시편 58편에는, 다윗이 실제로 심판하시는(11절) 하나님을 주장하면서 불의한 '신들'(1절)을 비웃는다. 이와 같이 신명기 32장에는 야훼가 자신 이외에는(37절) 어떤 신들도 없다고 주장하면서 이방신들(37절)을 비웃는다. 그는 정의의 하나님이다.(4절)

시편 58편에 다윗은 악한 압제자[27]들을 독있는 뱀과 눈먼 코브라[28](4절)에 비교한다. 신명기 32장에 야훼는 독사들과 눈먼 코브라의 이미지로 그의 백성을 박해하는 자를 연상시킨다(33절).

---

27) 신명기 32장의 하나님의 보복의 대상은 이방의 압제자들이다. 시편 58편은 같은 언어와 감정을 가지고 하나님의 백성에 대항하는 일반적인 압제자로 사용하고 있다.
28) 시편저자는 신명기의 독있는 뱀의 이미지를 '모세의 노래'에서처럼 은유적으로 사용하고 있다.

시편 58:10에는 유혈 복수가 간절히 열망되고 있다. 유혈복수가 생생하게 약속된 신명기 32:41-43에는 의로운 자가 실현될 복수를 기대하며 기뻐한다(시58:12; 신 32:43).

다른 저주 시편은 복수를 위한 울부짖음의 신학적 기초와 정당화로 이 노래 후반부의 언어와 이미지를 상기시킨다. 시편 94편은 악한 압제자에게 갚아주는 '하나님의 복수'의 등장으로 시작한다(1-2절). 심지어 신명기 32장에 더 밀접하고 가장 명백한 인유는 시편 79편이다. 공동체의 황폐한 컨텍스트의 언급은 진정 삶과 신앙의 위기를 말하는 것이다. 희망없고 도움없는 상황을 야훼 앞에 드러내 알린 후 시편 저자는 그들의 재난의 원인을 그들이 '유업'으로 물려받은 그들의 죄(5, 8절)에 대한 야훼의 분노와 질투에 둔다. 그리고 그는 동정과 용서를 빌고(8-9절) 그러한 대황폐를 야기한 하나님 없는 나라 위에 그 대신 하나님의 분노를 내리도록 탄원한다(6-7절).

이 패턴은 신명기 32장에서 찾아진다. 21-22절에 야훼는 그를 거스르는 완고한 배신으로 물려받은 '유업'에 대해 시기와 분노를 자아낸다. 이 질투어린 분노로 야훼는 그 나라를 파괴시킬 다양한 악한 행위를 약속한다(23-33절). 그러나 힘없는 이스라엘의 입장에서 볼 때 야훼의 약속은 연민, 변호, 그리고 복수인 것이다(34-43절).

시편 79:10은 어쨌든 가장 확실한 대비가 된다. 여기서는 '당신의 종의 피 흘림에 대한 복수'를 온 나라가 알도록 야훼에게 신랄하게 요청한다.

신명기 32:43는 야훼가 그 종의 피를 흘린 그 나라들 위에 복수할 것을 기뻐하기 위한 하나님의 약속이다.

계속되는 노래

구약신학의 고립적 주변적 입지와는 달리 신명기 32장의 신적 복수에 대한 약속은 신학의 중심이며 성경 전체의 희망이다. 그것은 율법서에서부터 예언서[29]를 거쳐 시편, 그리고 경전의 끝까지 그 주제를 수반한다. 실제 35절은 사도 바울이 로마서 12:19 신약성서 윤리를 정당화하기 위해 인용된다.

게다가 계시록 6:9-11에는 복수를 위해 하늘에 있는 성인, 그 순교자들의 울부짖음과 그 울부짖는 상황은 모세의 노래 후반부의 "그의 종의 피를 갚아주겠다"는 하나님의 약속을 회상 하게한다(신32:43).

계시록 6:9-11이 선포하기를,

다섯째 인을 떼실 때에 내가 보니 하나님의 말씀과 그들이 가진 증거로 말미암아 죽임을 당한 영혼들이 제단 아래에 있어 큰 소리로 불러 이르되 거룩하고 참되신 대 주재여 땅에 거하는 자들을 심판하여 우리 피를 갚아 주지 아니하시기를 어느 때까지 하시려 하나이까 하니 각각 그들에게 흰 두루마기를 주시며 이르시되 아직 잠시 동안 쉬되 그들의 동무 종들과 형제들도 자기처럼 죽임을 당하여 그 수가 차

---

29) 예언자는 주님의 복수의 날을 강조하고 있다(사 38:8; 61:2; 63:4). 이것은 예루살렘 멸망에 대한 예레미아의 관점과 같다 Elmer B. Smick, "מָקָם" *TWOT*, 2:599,

기까지 하라 하시더라.

이 종말론적 연결은 계시록 15:2-4에 명시되어 있다. 그 시대의 마감, 그리고 계시록 14:19-20에 묘사된 피의 복수, 영광의 성인들이 부르는 '모세의 노래'[30]와 '양의 노래'(15:3 강조적으로 부과된), 하나님의 위대한 정의가 나타남에 대한 선포의 노래, 그리고 이어지는 예배가 그 나라들에게서 나온다. 계시록 15:2-4에 의하면,

또 내가 보니 불이 섞인 유리 바다 같은 것이 있고 짐승과 그의 우상과 그의 이름의 수를 이기고 벗어난 자들이 유리 바다 가에 서서 하나님의 거문고를 가지고 하나님의 종 모세의 노래, 어린 양의 노래를 불러 이르되

"주 하나님 곧 전능하신 이시여
하시는 일이 크고 놀라우시도다
만국의 왕이시여
주의 길이 의롭고 참되시도다
주여 누가 주의 이름을 두려워아니하시며
영화롭게 하지 아니하오리이까

---

[30] 계시록 15장을 '모세의 노래'(신 32장; 출 15장)와 연관시키는 것은 많은 논란이 있다. ① 신명기 32장은 '모세의 노래'로 일반적으로 알려져 있다. ② 신명기 32:4과 계시록 15:3은 분명한 암시가 있다. ③ 모세의 노래와 계시록에 '역병' 이란 같은 상황이 있지만 결론적으로 다가올 신적인 복수에 대한 청원이라는 점이 같은 평행으로 이해 될 수 있는 점이다. 이러한 관련성은 '모세의 노래'를 계시록의 복수자로 돌아오는 '도살된 양'의 이미지와도 연결시킬 수 있다.

오직 주만 거룩하시니이다

주의 의로우신 일이 나타났으매

만국이 와서 주께 경배하리이다" 하더라

종말론적 바빌론에 내려진 심판, 예레미야 51:48의 회상에는 신의 보복이 가해짐을 기뻐하는 모습이 나온다(계 18:20; 신32:43)

모세의 노래는 계약적 상황에서 불러지고, 복수의 약속은 그의 백성과의 계약을 행함에서 찾아진다. 비록 모세의 노래가 근본적으로 야훼와 계약을 파괴한 이스라엘에 대한 증거로 의도되었지만(신 31:19, 21, 28), 그것은 역시 희망의 노래이다(32:36, 43). 야훼가 그의 믿음 없음 때문에 그의 백성을 버리지는 않을 것이라는 선포이다. 그는 그들을 돕기 위해, 그리고 그들의 피를 갚기 위해, 그의 적에게 복수하기 위해 올 것이다.[31] 복수를 위한 울부짖음은 이러한 상황에서 터져 나오며, 이 계약조건 속에서 나타난다. 그 조건은 하나님과 그의 백성에 대한 복수의 약속을 담고 있고, 이 약속은 단지 이스라엘과의 오래된 계약뿐 아니라 계시록 6:10에 확인되어 있듯이 새로운 계약의 상속자에게 적용되는 것이다.[32]

---

31) 'broken rib'은 신명기에 나타나는 계약의 가장 중심사상인데, 그 사용이 확대되어 예배의 상황 안에서 죄의 고백과 찬양에서도 나타난다. G. Ernest Wright, "The Lawsuit of God; A Form-critical Study of Deuteronomy 32," in *Israel's Prophetic Heritage: Essays in Honor of James Muilenburg*, ed. B. W. Anderson, W. Harrelson (New York: Harper & Brothers, 1962), 40-41.

32) 신명기 32:35 "복수는 내 것이다. 내가 갚을 것이다"는 많은 저주 시편들의 신학적 근거인데 로마서 12:19과 계시록 15:3-4; 19:1-2에도 평행하게 나타난다.

4장_ 메어쳐지는 아기: 시편 137

국가와 공동체의 적을 향한 저주

우리가 바벨론의 여러 강변
거기에 앉아서 시온을 기억하며 울었도다
그 중의 버드나무에
우리가 우리의 수금을 걸었나니
이는 우리를 사로잡은 자가
거기서 우리에게 노래를 청하며
우리를 황폐하게 한 자가 기쁨을 청하고
자기들을 위하여 시온의 노래 중 하나를

노래하라 함이로다

우리가 이방 땅에서

어찌 여호와의 노래를 부를까

예루살렘아 내가 너를 잊을진대

내 오른손이 그의 재주를 잊을지로다![1]

내가 예루살렘을 기억하지 아니하거나

내가 가장 즐거워하는 것보다

더 즐거워하지 아니할진대

내 혀가 내 입천장에 붙을지로다

여호와여 예루살렘이 멸망하던 날을 기억하시고

에돔 자손을 치소서

그들의 말이 헐어 버리라 헐어 버리라

그 기초까지 헐어 버리라 하였나이다

멸망할 딸 바벨론아

네가 우리에게 행한 대로

네게 갚는 자가 복이 있으리로다

네 어린 것들을 바위에 메어치는 자는[2]

복이 있으리로다

- 시편 137

---

1) 여기에 대해서 여러 가지 번역들이 있다. "내 오른손이 마르리라(실패)"로 번역될 수도 있는데 본문에서는 '기억'과 '잊어버림'을 대비해 '잊을지로다'로 함.
2) 오스굿(H. Osgood)은 바위(הַסֶּלַע hassala)를 바벨론의 심판과 연결시키는 것은 조화롭게 보이지 않는다. 바벨론은 언덕이 없는 평평한 평지이고, 더구나 돌이나 언덕을 발견할 수 없는 지역이다. 이것은 은유적인 표현이다. Howard Osgood, "Dashing the Little Ones Against the Rock,: *Princeton Theological Review* 1 (1903): 35. 이 표현은 지형적인 표현이 아니고 에돔(오바댜 3장)과 관련된 바벨론의 예언자적 신탁일 것이다.

2부 : 잔혹성을 담은 세 개의 시편

공통된 문제

아름답게 짜여진 시편 137이 '폭력의 시편'으로 불리는 것은 아직도 혼란스럽고, 그 시편의 내용이 크리스천에 의해 거절되어온 것은 더욱 그렇다.[3] 크리스천들은 그리스도로부터 "네 원수를 사랑하라", 너를 미워하는 자들에게 선한 일을 하라, 너를 저주하는 자에게 축복하라, 너를 부당하게 행하는 자를 위해 기도하라, 그리고 "다른 뺨까지 돌려대라"(눅 6:27-29)는 계명을 받지 않았는가? 심지어 그들은 지상의 잔혹함과 혹사를 의미하는 십자가상에서 한 그리스도의 용서의 말, "아버지, 저들을 용서하소서"(23:34)라는 용서를 듣지 않았던가? 시편 137:8-9의 단어들은 '모순된 팔복', '진정한 종교의 가장 다른 면', '성서 중 가장 혐오스러운 단어들'로 구성되어있다."[4] 또한 이 시편은 소름끼치도록 잔혹한 '눈먼 증오와 저속한 분노'의 울부짖음이라고 불리기도 한다.[5]

시편에 담긴 저주를 문제 삼던 온건한 세대의 많은 크리스천들은 교회 예배와 신앙생활에서 이 시편의 마지막 세절은 사용하지 않았다. 이렇게 버리는 해결은 성서의 유용성과 영감을 역행한다.[6] 그 절수들을 버림으로

---

3) Erich Zenger, *A God of Vengeance? Understanding the Psalms of Divine Wrath*, 46.
4) R. E. O. White, *A Christian Handbook to the Psalms* (Grand Rapids: Eerdmans, 1984, 200.
5) Artur Weiser, *The Psalms*, trans. H. Hartwell, Old Testament Library, ed. G. E. Wright et al. (Philadelphia: Westminster, 1962,) 796.
6) 데릭은 이러한 증언을 구약성경에서 지워버린다면 계시라는 가치에 손상을 입게 될 것이다. 이러한 구절들의 계시는 사람의 죄를 가리고 십자가를 필요성을 증언하는 것이다. Derek Kidner, *Psalms 73-150, Tyndale Old Testament Commentaries*, ed. D. J. Wiseman (London: Inter-Varsity, 1975), 461.

이 시편을 살려내려는 생각을 가진 십자가 이전 세대는 이제 크리스천들과 대조를 이룬다. 예를 들면, 존 브라이트(John Bright)는 시편 137편 저자는 하나님에게 신실하게 헌신했던 전형적인 크리스천 이전의 관점(pre-Christian perspective) 혹은 아직 기독교 정신이 없었던 (not-yet- Christian spirit) 시대의 사람임을 주장한다. 계속해서 브라이트는, 그러한 사람에게 "복음은 이상한 것일 수밖에 없고, 대부분의 우리에게도 적지 않게 그러한 신앙의 관점이 들어있다"[7]고 단언한다.

여기에 대한 대안적 견해는 시편저자의 경건성을 유지하면서(모든 후기 신앙인들은 더러 주저하면서도 이 말을 되풀이 한다) 그 텍스트에서 이 단어들의 알레고리적인 해석을 통하여 본래적인 난폭성을 피해가는 시도이다. C. S. 루이스(Lewis)는 다음과 같은 예를 들어 설명한다.

나는 우리 대부분이 저주시편을 해석함에 있어서, 우리 자신의 도덕적 알레고리를 만든다고 생각한다. 우리는 적의의 대상, 특히 우리 자신의 악함을 알고 있다. 이러한 관점에서 나는 시편 137편의 무시무시한 구절, 아기들을 돌에 메어친다는 표현을 사용할 수 있다. 나는 유아기적 세상 속에서 벌어지는 일들을 알고 있다; 즉 어느 날 술중독이 될지 모르는 작은 방종의 시작이라던가, 또는 증오로 쌓여지는 작은 분노들, 그러나 간절한 요청으로 우리를 설득하고 속이며, 저항하기에 아주 작아 보이고 아무 힘이 없는 동물들에게는 우리가 잔인한 존재로 느끼는 것을 알고 있다. 그들은 우리에게 "나는 많은 것을 바라지도 않아. 하지만 적어도 내가

---

[7] John Bright, *The Authority of the Old Testament* (Nashville: Abingdon, 1967), 238.

원한 것은"이라든가, 또는 "너 자신이나 생각해"라고 하면서 흐느껴 울어댄다. 그런 예쁜 아이들(귀여운 사람은 그런 매력적인 방법을 가지고 있다)을 적대하는 것으로는 시편의 경고가 가장 좋은 예이다. "어린 자식의 뇌를 깨 부셔라. 행함보다 말이 더 쉬운 사람은 복 있을 진저."[8]

하워드 오스굿(Howard Osgood)은 '네 어린 아이'의 히브리 개념을 그 '나이' 개념 보다는 관계적인 것으로 제시하면서, 바빌론의 '어린이들'이란 표현을 그 죄를 범하고 따르는 성인이 된 바빌론의 후예들로 해석하면서, 시편 137:8-9의 공격성을 지우려 했다.[9]

역사적 상황

시편의 역사적 상황에 비추어, 비록 이런 저주의 표현이 아무리 고상할지라도, 저주의 표현은 일반적으로 서구 기독교의 '높은 도덕성'과 '알레고리칼' 해석과 반대되는 이해를 갖는다. 이 공중예배의 탄원은 바빌론 추방의 상황에서 불러지는데, 이 추방은 고대 전투의 상상할 수 없는 공포와 예루살렘 멸망의 '날'에 앞서서 진행되었다. 동정의 여지없는 바빌론의 손에 붙여지고, 위험한 에돔족에 의해 괴롭혀진 예루살렘의 파멸(예. 오바드 10-16; 겔 35:5-6)은 사실상 신앙공동체를 파멸시킨 국가적 대실책이었다. 더군다나 예루살렘 멸망으로 다윗 왕조, 선택받은 도시,

---

[8] C. S. Lewis, *Reflections on the Psalms*, 136.
[9] 참조, Osgood, "Dashing the Little Ones Against the Rock," 35-37.

하나님의 성전이 있는 신앙의 요새가 파괴된 것이다. 이스라엘이 하나의 국가로 그리고 하나님의 백성으로서 정체성에 뿌리를 내리게 된 이 모든 것들이 뒤엎어지거나 뿌리 채 뽑혔다.

고대 근동지역의 전쟁은 놀라울 정도로 잔인했다.[10] 에살하돈의 바살조약들 속에 실로 계약 불충에 대한 약조의 결과들이 공포스런 공격으로 나타난다:

샤마쉬가 너의 도시를 쇠쟁기로 캐낼지어다.
바로 이 암양이 절개되고 그 어린 살점이 그 입에 놓이고,
그[샤마쉬?]가 너와 너의 형제들, 너의 아들들,
너의 딸들의 살점을 허기져 먹게 만들지 모른다.

꿀이 단 것 같이, 너의 여인들, 아들들, 딸들의 피가 네 입을 달게할 것이다.

벌집에 구멍들이 여기저기 뚫려 있듯이
네가 살아있는 동안 네 살점에,
네 여인의, 형제들의, 아들들의 딸들의 살점에
여기저기 뚫리게 될 것이다.[11]

---

10) 하나님에 의한 공포의 약속은 신명기 28:53-57의 저주에 나타난다. 또한 아수르의 왕 센나체리브도 그가 함락시킨 도시에 대하여 "내가 에크론을 암살했다 그리고 범죄한 자들을 죽였고 그들의 시체를 온 도시의 장대에 달아놓았다"고 선언한다. James B. Pritchard, ed., *Ancient Near Eastern Texts Relating to the Old Testament*, 3d ed. with supplement (Princeton, N.J.: Princeton University Press, 1969.
11) 위의 책, 539-40.

이러한 잔인함에 더하여 도시 정복자들의 가장 잔학한 행위는 자궁 속에 들어있는 아기를 죽이거나, 아기들에게 난폭하게 돌을 던지는 것, 전쟁의 대량학살 등이다.[12] 가장 무력한 비전투원에 대한 이 야만적 학살은 "다음 세대에 까지 영향을 주었다."[13] 성서는 더 나아가 반역적 이스라엘(호 13:16), 예루살렘(눅 19:44), 그리고 잔인한 앗수르(나 3:10)에 대한 심판 예언 속에 생생하고 섬뜩한 묘사를 하고 있다.

여기서 가장 주목할 것은, 바빌론을 향한 운명적 약속이다(이 13:16).

청원의 힘

시편 137:7-9의 묘사는 바빌론에서 동향으로 수백 마일을 이동했던 죄수들에게 거칠고 동정심 없는 노예몰이꾼[14]들의 가혹한 처사에 괴로워하는 돌연하고 지독한 비명을 그리고 있다. 이 비명은 정의를 요청하는 무력한 자의 강렬한 부르짖음이다.[15] 실제로 그들은 그리도 뻔뻔한 얼굴로 인간적으로 불의에도 형벌을 받지 않는데, 하나님의 응징을 받는 백성은 달리 의지할 데 없어 오로지 야훼에게로 돌아가 그의 정의를 간청했다. 그들의 무력함과 치욕적인 상황 속에서 야훼는 "의를 위한 그들의 유일한

---

12) 이 본문은 왕하 8:9-12과 아모스 1:13의 말씀과 충돌하고 있다. 하지만 이스라엘도 역시 이러한 야만적인 방법을 쓰기도 했다 (왕하 15:14, 16)
13) Leslie C. Allen, *Psalms 101-150, Word Biblical Commentary*, ed. D. A. Hubbard and G. W. Barker (Waco, Tex.; Word, 1983), 21;237.
14) Alfred Guillaume, "The Meaning of חולל in psalm 137," *Journal of Biblical Literature* 75 (1956):144.
15) Zenger, *A God of Vengeance?* 47.

소망이고 의로운 판결을 할 수 있는 분이었다."[16] 그들의 간청이 보복의 종류와 엄한 정도가 야훼에게 요구되었다.[17]

그러나 우리가 이런 상황을 직면한다면, 시편의 감정적 클라이맥스 속에 표현된 이러한 정서가 정당화될 수 있을까? 이 후자의 절들을 신구약 성서 전체의 틀 안에서 이해하기 위해서는 다음과 질문들을 물을 수 있다. 즉, 어떻게 경건한 시편저자가 그러한 폭력을 애원하며 복수를 청하는가, 그것도 적의 아기들을 들어서 무자비하게 돌에 메어치는 자들을 '복있다' 한다면 그 죽음에 대해서 가볍게라도 그러야 하지 않는가?

신학적 기초: 신적 정의의 원칙

보상

시편저자가 비록 극도의 감정에 얽혀 있긴 하지만 그런 무서운 보복을 탄원하게 된 저변에는 비열하고 악한 피에 굶주린 격노한 복수가 아니고, 탈리오법칙(눈에는 눈, 이에는 이)의 표현처럼 신적 정의의 원칙 그 자체에 있다. 그것은 율법서에 세 번 적혀 있는데 차후에 신학의 온실이 된다 (예: 출 21:22-25; 레 24:17-22; 신 19:16-21). 이 구약의 계명은 개인적

---

16) Bobby J. Gilbert, "An Exegetical and Theological Study of Psalm 137" (Th.M. thesis, Dallas Theological Seminary, 1981), 75.
17) 비록 8-9절의 저주 안에 감추어진 설명이 있지만, 복수의 청원이나 항복은 7절에서 분명히 이루어진다.

복수를 위한 징벌보다는 실제로 극단적인 복수를 막기 위한 것이다. 정의를 지키기 위해 필연적으로 계획되었고: 그 벌은 실제로 범죄에 합당하다.

이와 같이 구약의 규약은 원시적이고 야만적이기보다, 문명화된 모든 정의를 위한 기초로서 형성되었다. 그것은 개인적 보복을 위한 법이 아니고, 정당한 보상으로서의 법이었다. 실제로 고든 웬햄(Gordon Wenham)은 '눈에는 눈'이 정의의 분배를 위한 적절한 치리 방식임을 주시한다. 이스라엘에서의 대부분의 사건은 글자 그대로 적용된 것은 아니다. 그것은 손해에 따른 적절한 배상이 주어져야 한다는 것을 의미한다(출 22:26). 황소를 죽인 사람은 그 주인에게 다른 소를 살 수 있는 충분한 돈을 지불해야 한다(레 24:18). 단지 계획된 모살인 경우에만 보상이 금지되었다(민 35:16ff). '생명에는 생명'의 원칙은 문자적으로 실시되어야 한다. 왜냐하면 인간은 하나님의 형상대로 만들어졌기 때문이다(창 9:5-6).[18]

탈리오법칙

- **정의**: '보복의 법'. 탈리오법칙은 평등하고 올바른 법이다: "눈에는 눈, 이에는 이, 생명에는 생명."
- **오경의 참고문**: 출 21:22-25; 레 24:17-22; 신 19:16-21
- **신약의 사례**: 마법사 엘리마스의 바울의 저주(행 13:6-12); 적대자 알렉산더의 바울의 고발(딤후 4:14); 종말론적 바벨론의 멸망(계18:6, 20)

예수 당대에는 그 의도와는 달리 마태복음 5:38-42에 있는 예수의 말씀, "그들이 너희에게 한 것 같이 다른 사람들에게 행하라"는 구절이 복수에 대한 사고방식처럼 전도되어 탈리오법칙이 '보복의 법'이 되었는데, 어쨌든 그는 그 제자들에게 적절한 사용 방법을 설명해준 것이 아니라 오히려 그 곡해를 금하고, 또 법의 본래적 의도를 회복시키기 위해 자극을 주었다. 그것은 개인적 보복의 '권리'를 일단 중지시키고 참을성 있는 태도를 기르라는 의미를 준다.[19]

법적 상황

구약 성서의 증언에 따르면 탈리오 법칙의 의도된 집행은 개인적이고 상황적이라기보다 법적인 데 있었다. 신명기 19:16-21이 그 대표적인데 (강조가 부과되어):

만일 위증하는 자가 있어 어떤 사람이 악을 행하였다고 말하면 그 논쟁하는 쌍방이 같이 하나님 앞에 나아가 그 당시의 제사장과 재판장 앞에 설 것이요, 재판장은 자세히 조사하여 그 증인이 거짓증거 하여 그 형제를 거짓으로 모함한 것이 판명

---

18) 탈리오법칙에 근거한 보상의 원리는 문명화 된 어느 시기에서든지 발견된다. Gordon J. Wenham, *The Book of Leviticus*, NICOT (Grand Rapids: Eerdmans, 1979), 312.
19) 웬햄은 예수께서 산상설교에서 시민법정의 원리를 무시한 것으로 이해해서는 안된다. 하부기준의 규칙을 제시하는 것이 아니고 구약성경의 잘못된 이해를 관심하고 있다. 탈리오법칙은 개인적인 보복의 기구이다. 예수께서는 일반시민법정의 심판과는 다른 차원의 제시를 하고 있다고 지적한다. John W. Wenham, *The Goodness of God* (Downers Grove, Ill.: InterVarsity, 1974), 94-95.

되면 그가 그의 형제에게 행하려고 꾀한 그대로 그에게 행하여 너희 중에서 악을 제하라 그리하면 그 남은 자들이 듣고 두려워하여 다시는 그런 악을 너희 중에서 행하지 아니하리라 네 눈이 긍휼히 여기지 말라 생명에는 생명으로, 눈에는 눈으로, 이에는 이로, 손에는 손으로, 발에는 발로이니라

레위기 24:17-21의 확장된 형식으로 탈리오법칙이 단화(10-23절) 속에 들어있는데, 거기에는 불경죄에 해당되는 심판이 야훼 앞에 놓여졌고, 그 사람들은 그의 형량을 기다렸다. 신의 판결은 야훼가 그의 백성들을 치리하는 정의의 원칙을 반복하는 것에서부터 그 순서가 시작된다. 그 원칙은 출애굽기 21:22-25에 처음 언급되었다. 거기에서 조차 개인의 손해에 대한 처벌은 당한 쪽과 '판관들' 양쪽 모두 앞에서 적절한 심판이 판정된다(22절). 그리고 법규가 계속 법적인 것과 반대로 개인에게 부과될 때 보복은 더욱 명백히 만들어졌다. 실로 그것은 예수의 말씀처럼 모세의 율법(Mosaic economy)으로 엄격히 금지되었다. 잠언 24:29에서 경고하기를 "너는 그가 내게 행함같이 나도 그에게 행하여 그가 행한 대로 그 사람에게 갚겠다 말하지 말지니라"(20:22) 예수 자신은 율법과 예언서를 이 말에 종합하였다. "그러므로 무엇이든지 남에게 대접을 받고자 하는 대로 너희도 남을 대접하라 이것이 율법이요 선지자니라"(마 7:12).

하나님은 이스라엘의 율법 조항에 탈리오법칙을 제정했을 뿐 아니라, 그 법은 하나님의 바로 그 본성에 기초된 것이었다. 비록 사랑의 하나님

이지만, 야훼는 또한 그의 거룩함을 침해하는 창조물을 보복적인 정의에 기초하여 다루시는 보복의 하나님이기도 하다.[20] 여기서 십자가의 필요성이 아주 명백히 그리고 신랄하게 나타난다. 두 성서를 잇는 것은 십자가이다. 하나님의 본성은 바뀌지 않는다는 기초적 주장에서부터, 탈리오 법칙에 나타나는 신적 정의의 원칙은 그 본성이 근본적으로 변치 않고 남아야 한다는 것에 근거한다.[21] 그래서 이 원칙에 대한 호소가 여전히 합법적인 위치를 찾고 있다는 암시로 남는다.[22]

예언자적 깨달음

시편 저자의 감동적인 탄원은 예레미아 50-51장의 예언과 연결되어 있고 신적복수의 약속을 마음에 담고 있었다. 시편 137:8과 예레미아서 51:56 사이에 연관이 있음은 분명하다. 두 귀절 모두 '유린하다', '보답하다', '보상하다' 라는 용어를[23] 사용하고, 잔혹한 바빌론에 대해 바라는 심판과 관련된 표현이 들어있다.

멸망한 딸 바벨론아
네가 우리에게 행한 대로

---

20) Gilbert, "Exegetical and Theological Study of Psalm 137," 69.
21) 이와 비슷한 성경의 법칙은 '씨 뿌림과 추수의 법칙' 이다. 참조, 잠 26:27; 호 8:7; 10:12-13; 갈 6:7-8; "너희가 헤아리는 그 헤아림으로 너희가 헤아림을 받을 것이니라"(마 7:2).
22) 비록 이 오래된 구약의 법칙이 예수의 윤리 안에서도 나타나지만 예수의 윤리의 근본원리는 아니다. 이스라엘에 대한 하나님의 정의로움이 반영되는 그 원리가 신약성경에서 유용하게 사용된다.
23) 단어의 어근은 שדד (sdd) 와 שלם (slm) 그리고 גמל (gml) 이다.

네게 갚는 자가 복이 있으리로다 (시 137:8)

곧 멸망시키는 자가 바벨론에 이르렀음이라
그 용사들이 사로잡히고 그들의 활이 꺾이도다
여호와는 보복의 하나님이시니 반드시 보응하시리로다 (시 51:56)

이 시편은 사건 그대로 성서에 많이 나타난다.[24]
다른 충격적인 평행구들은:

- '바빌론의 딸' 이라는 명칭 (510:42; 51:33과 시 137:8을 비교)
- 절벽에서 구른 후 죽어가는 바빌론에 대한 묘사.
  극복할 수 없는 산의 멸망은 더 이상 없을 것이다 (51:25와 시 137:9를 비교)
- '파괴하다' 라는 폭력적 용어의 모순적인 사용(נפץ). 바빌론은 야훼가 파괴하는 국가로 한 번 사용되었다. 그러나 이러한 통치가 자신의 어린 아이들을 '망치는' 것을 곧 볼 것이다(51:20-23의 반복적 사용과 시 137:9을 비교).

추가적으로 예레미아 50-51장은 신적복수의 약속과, 신적 정의의 원칙 또는 복수의 약속이라는 한 쌍의 주제가 교묘하게 서로 얽혀있다.[25] 전자

---

[24] 참조, Kidner, *Psalms* 73-150, 460.
[25] 참고, 예 50:15, 28-29; 51:6, 11, 24, 35-36, 49, 56.

는 모세의 노래[26]에 고전적으로 표현되어 있고(신 32:35), 후자는 탈리오 법칙에 표현되어 있다. 그리고 이 두 약속은 예 51:6에 담겨 있다: "이는 여호와의 보복의 때니 그에게 보복하시리라!" 이 텍스트는 시편 137:7-9 뿐 아니라 시편 79:10, 12에 공통으로 나오는 저주기도에서 그 자취가 발견된다.[27]

요약과 긴장

시편 137편은 하나님과의 끈끈한 계약신앙이 약해지는 경우를 제외하고는 절대적인 파멸, 고통, 그리고 절망의 상황을 나타낸다. 이와 같이 7-9절에는 시편 저자가 실제로 파괴를 행하며, 적의 아기들을 폭력적으로 학살하는 것을 언급하며 잔혹한 에돔 족속과 무자비한 바빌론에 대한 보상을 야훼에게 간청하는 것으로 묘사된다. 그 울부짖음은 범죄를 저지른 것에 상응하는 벌을 요청하기 위함이다. 야만성으로 야기된 범죄는 같은 수위로 보상되어야 한다. 그러한 상황에서 "우주적인 사랑을 느끼는 것은 경탄할 일이다. 그러나 그것은 정의에 대한 날카로운 판단으로부터 분리되어서는 안된다."[28] 야훼에게 탄원하는 것은 탈리오법칙 속에 표현된 것

---

[26] 참고, 예 50:27, 31, 51:2; 신 32:35; 예 51:14; 신 32:40-41
[27] 시편 79:12은 "주여 우리 이웃이 주를 비방한 그 비방을 그들의 품에 칠 배나 갚으소서"라는 탄원은 창4:24의 라멕의 악에 대한 메아리라고 할 수 있다. 이 7번을 첫째, 완전한 처벌의 의미, 둘째, 문학적인 고안 셋째로, 문자 그대로 7번씩이라고 해석할 수 있다. Walter Brueggemann, *The Message of the Psalms: A Theological Commentary*, 72.
[28] C. H. Spurgeon, *The Treasury of David: Psalms 125-150* (New York; Funk and Wagnalls, 1886), 7:189.

처럼 정의를 성취하기 위함이다. 가혹한 벌이 가해졌던 어떤 무리라도 '복 받을 것'이다.

그런 도구로서 정의는 실현될 것이고, 하나님의 명예는 들리어 올려질 것이며, 세상의 잘못된 판단은 바르게 될 것이다. 이와 같은 일이 의로운 자에게는 유감이기보다 비록 밝지는 않으나 기쁨의 척도로 받아들여진다. 신약 경전의 최고봉인 기쁨의 척도는 시편의 울부짖음이 궁극적으로 실현되도록 하늘과 성자에게 바빌론의 미래의 멸망을 명하는 것이다.. 이 미래적 멸망은 탈리오법칙의 의무를 따르는 것이다: "그가 준 그대로 그에게 주고 그의 행위대로 갑절을 갚아주고 그가 섞은 잔에도 갑절이나 섞어 그에게 주라… 하늘과 성도들과 사도들과 선지자들아, 그로 말미암아 즐거워하라 하나님이 너희를 위하여 그에게 심판을 행하셨음이라 하더라"(계 18:6, 20).[29]

그러나 시편 저자의 청탁이 탈리오법칙에 타당한지에 대해 아직도 질문되어진다. 그 질문은 특별히 어린이들이 그들의 아비의 죄로 죽임을 당하지 말아야 한다(신 24:16)는 하나님의 명령과 관련된다. 만일 시편 저자의 울부짖음이 단순히 보상을 바라는 것이었다면, 시편으로서의 성격도 불분명하고 약간의 거부감을 가지게 된다.[30]

---

29) 참조, 예. 51:48
30) 웹은 시편의 특수한 상황이 일반적인 크리스천의 윤리적 상황으로 변할 때 나타나는 현상이라고 주장한다. William J. Webb, "Bashing Babies Against the Rocks: A. Redemptive-Movement Approach to the Imprecatory Psalms" (*Evangelical Theological Society Paper*, November 2003).

그러나 신명기 24:16이 사람에 의해 집행된 법조항이라는 것을 주목해야 한다. 하나님은 어린이에게 지워진 아버지의 죄악을 벌할 특권을 가진다(출 34:7). 이것이 가장 특징적인 예인데, 그들에게 부여된 죄에 대해 오랜 고통 끝에 하나님은 그의 백성이 약속된 땅으로 들어갔을 때 전 가나안 사람들의 붕괴를 명했다. 그의 정의가 그 가운데 나타나 있음에도 불구하고 거칠고 반항적인 신앙인은 하나님의 선하심을 신뢰하도록 초대되고, 이에 따른 긴장도 받아들인다.

이와 같이, 윤리적 선상에서[31] 시편 137:7-9는 야훼가 그 자신의 명령에 따라 정의를 실현시키는 최고의 재판관으로 나타난다. 그리고 하나님의 섭리에 따라 살육을 위해 몸값이 허용하지 않던 때로부터(민 35:31) 시편저자는 학살이 하나님의 심판으로 임하도록 울부짖었던 것이다. 현대인들은 특히 하나님의 심판이 임하도록 비는 이 섬뜩한 간청에 대해 충격을 받거나 놀란다. 이 판결은 신의 약속(사 13:16; 예 50-51)이며 신의 법령이다. 이와 같이 엄격한 법적 보복의 원칙은 그것을 만들고 약속하신 하나님의 악의가 없는 한 악의적일 수 없다.

그러한 시편 저자는 비록 충돌과 흉이 남는다 해도 그의 울부짖음을 위해서 죄책감을 참는다.

---

[31] 사도행전 13:6-12의 마술사 엘루마의 예는 탈리오 법칙에 대한 잘못된 예이다. 딤 4:14의 알렉산더의 경우는 탈리오법칙이 적용될 수 있다.

오늘의 탈리오법칙

과연 이 울부짖음을 크리스천의 삶과 예배에 합법적이고 선한 양심에 반향시킬 수 있는 것인가? 그러나 결국 시편 137편은 구약의 하나님의 백성을 위한 예배집에서, 그리고 교회경전으로서 신약성경으로 채택되어 계속 사용될 가치가 있는 것으로 인정된 것이다. 이에 대해 레슬리 C. 알렌은 "크리스천의 신앙이 새로운 길을 가르치고, 용서를 추구하고, 사랑할 것"을 강조하고 있으면서도, 반 그리스도인이나 유다도 용서할 것인지(예, 요 17:12)에 대하여 명확한 답을 갖고 있지 못한다고 말한다.[32] 초대 교회시대의 유다나 거짓교사와 같이 에돔과 바빌론은 고대의 '반기독교도'의 예이다. 오늘날에 있어서도 시편저자의 상황과 같은 일이 일어날 때, 또는 오늘날의 '반 그리스도'의 멸망을 때때로 간청할 여러 경우의 때가 있을 수 있다. 이러한 경우에 원수들의 공격에 대하여 적합한 언어를 사용해야 할 필요가 있다.

오늘의 시대에도 시편의 시대처럼, 너무도 아픈 슬픔과 분노에 대한 법규는 철저히 하나님의 손에 맡겨져 있음을 이해할 수 있다. 하나님에게 모든 것을 맡김으로, 복수에 대한 개인적인 욕망을 버리게 된다. 어느 순간에 어떤 사람이 이러한 말에 대하여 합법적인 반응을 하든지 말든지, 또는 악한 자들의 손에 의해 동료 형제들과 자매들에게 강간, 살인, 훼손, 노예됨을 당하는 경우에도, 이것은 독특하게도 아무도 도움을 줄 수 없는

---

32) Allen, *Psalms* 101-150, 21:242

것이다.

이것이 수단의 현재의 상황이다. 이슬람 정부는 기독교 인구에 대하여 끔찍한 대량학살을 시행하고 있다. 2001년 9월 11일 사건의 배후에 있는 빈 라덴을 지도자로 추대한 알카에다의 테러리즘도 이와 비슷한 양상을 갖고 있다. 그의 추종자 자르콰이도 계속해서 비전쟁지대의 이라크 안에서 테러적 폭발과 끔찍한 교수형을 실행하고 있다.

이러한 실제 상황에서, 즉 시편 기자에 의해 표현된 끔찍한 공포, 자기 자신의 보호를 위해서 신앙을 포기하거나 잊으라는 압력이 있는 곳에서 (예: 시137:5-6), 이 시편은 힘을 발휘한다. 이것은 힘이 없는 곳에서 힘의 원천으로, 희망이 없는 가운데서 정의를 실현한다. "하나님이여 이 교회에 담대할 수 있는 용기를 주소서."[33]

---

33) Gilbert, "Exegetical and Theological Study of Psalm 137," 83.

5장_ 부정한 탄원: 시편 109

개인적 원수에 대한 저주

음악 지휘자[1]를 위한 다윗의 시편

내가 찬양하는 하나님이여 잠잠하지 마옵소서

그들이 악한 입과 거짓된 입을 열어

나를 치며 속이는 혀로 내게 말하며

또 미워하는 말로 나를 두르고

까닭없이 나를 공격하였음이니다

---

[1] 이 시편은 성전예배를 위한 시이다. 6-9절까지의 저주는 다윗 자신에 대한 것이라기보다 다윗을 대적하는 원수들에 대한 회상집이라는 결론을 내릴 수 있다.

나는 사랑하나

그들은 도리어 나를 대적하니 나는 기도할 뿐이라[2]

그들이 악으로 나의 선을 갚으며

미워함으로 나의 사랑을 갚았사오니

악인이 그를 다스리게 하시며

사탄이 그의 오른쪽에 서게 하소서[3]

그가 심판을 받을 때에 죄인이 되어 나오게 하시며

그의 기도가 죄로 변하게 하시며

그의 연수를 짧게 하시며

그의 직분을 타인이 빼앗게 하시며

그의 자녀는 고아가 되고 그의 아내는 과부가 되며

그의 자녀들은 유리하며 구걸하고

그들의 황폐한 집을 떠나 빌어먹게 하소서

고리대금하는 자가 그의 소유를 다 빼앗게 하시며

그가 수고한 것을 낯선 사람이 탈취하게 하시며

그에게 인애를 베풀 자가 없게 하시며

그의 고아에게 은혜를 베풀 자도 없게 하시며

그의 자손이 끊어지게 하시며

후대에 그들의 이름이 지워지게 하소서

여호와는 그의 조상들의 죄악을 기억하시며

그의 어머니의 죄를 지워 버리지 마시고

---

2) 시편 120:7,
3) 배경은 다윗이 악한 검사와 자비심 없는 판사 앞에서 거칠고 자비심 없는 그를 핍박하는 사람의 죄를 송사하는 것을 연상케 한다. 다윗은 유죄의 평결을 원한다(슥 3장).

그 죄악을 항상 여호와 앞에 있게 하사

그들의 기억을 땅에서 끊으소서

그가 인자를 베풀 일을 생각하지 아니하고

가난하고 궁핍한 자와 마음이 상한 자를

핍박하여 죽이려 하였기 때문이니이다

그가 저주하기를 좋아하더니

그것이 자기에게 임하고

축복하기를 기뻐하지 아니하더니

복이 그를 멀리 떠났으며4) 또 저주하기를 옷 입듯 하더니

저주가 물같이 그의 몸속으로 들어가며

기름 같이 그의 뼈 속을 들어갔나이다

저주가 그에게는 입는 옷 같고

항상 띠는 띠와 같게 하소서

이는 나의 대적들이 곧 내 영혼을 대적하여

악담하는 자들이 여호와께 받는 보응이니이다5)

그러나 주 여호와여

주의 이름으로6) 말미암아 나를 선대하소서

주의 인자하심이 선하시오니 나를 건지소서

나는 가난하고 궁핍하여 나의 중심이 상함이니이다

나는 석양 그림자 같이 지나가고

---

4) 캘빈도 역시 명령형의 형태로 다음과 같이 번역한다. "그가 저주를 사랑한 것 같이 저주가 그에게 떨어지게 하라: 그가 축복하기를 기뻐하지 않는 것처럼, 그에게서 축복이 멀어지게 하라." Calvin, *Commentary on the Book of Psalms*, trans. J. Anderson (Edinburgh: Edinburgh Printing Company, 1847), 4:283, 284.
5) 문학적으로 "이것은 야훼로부터 오는 고발자들의 보상이다."(21절 참조)
6) 야훼의 '이름'으로 하는 청원은 하나님의 측량할 수 없는 '사랑-친절'의 성격에 청원하는 것이다.

또 메뚜기 같이 불려 가오며

금식하므로 내 무릎이 흔들리고 내 육체는 수척하오며

나는 또 그들의 비방 거리라

그들이 나를 보며 머리를 흔드나이다

여호와 나의 하나님이여 나를 도우시며

주의 인자하심을 따라 나를 구원하소서

이것이 주의 손이 하신 일인 줄을 그들이 알게 하소서

주 여호와께서 이를 행하셨나이다

그들은 내게 저주하여도 주는 내게 복을 주소서

그들은 일어날 때에 수치를 당할지라도

주의 종은 즐거워 하리이다

나의 대적들이 욕을 옷 입듯 하게 하시며

자기 수치를 겉옷 같이 입게 하소서

내가 입으로 여호와께 크게 감사하며

많은 사람 중에서 찬송하리니

그가 궁핍한 자의 오른 쪽에 서사

그의 영혼을 심판하려 하는 자들에게서

구원하실 것임이로다(시편 109편).

마치 계단을 올라가는 것처럼 저주에 저주가 꼬리무는 이 시편은 '가장 탁월한 저주시편'[7], '악으로 가득찬 미사일'[8], '미숙한 증오의 노래'[9], 그

---

7) Joseph Hammond, "An Apology for the Vindictive Psalm (Psalm cix)," *Expositor 2* (1875): 325.
8) Ragnar C. Teigen, "Can Anything Good Come from a Curse?" *Lutheran Quarterly* 26 (1974): 49.
9) Brueggemann, *The Message of the Psalms*, 83.

리고 '뻔뻔한 증오의 찬송'[10]이라고 비난 받아왔다. 의심의 여지없이 "이것이 성서에서 난해한 부분 중 하나이고, 읽으면 혼이 떨리는 귀절이다."[11] 크리스천이 섬뜩한 보복을 갈망한다는 것은 불가사의한 일이며, "네 원수를 사랑하라(마 5:44), '저주' 하지 말고 복을 빌라"(롬 12:14)고 부름 받은 크리스챤들을 모순과 갈등 속으로 빠져들게 한다.

실제로 다윗은 고대 근동지방의 저주 형식으로 그의 적을 저주한다. 시편 109:8, "그의 연수를 짧게 하시며"는 에살하돈의 저주 "그가 너에게 노년시기가 도달치 않도록 할 것이며"[12]와 비교된다. 또한 이 시편은 크리스천 공동체의 삶에 심하게 남용되고 있기도 하다. 캘빈은 시편 주석에서 복수심에 불타는 자는 누군가의 죽음을 기도하는 대가를 다른 사람에게 지불해야 한다는 주석을 붙이면서 비난받을만한 이 시편이 그 시대에도 남용된 적이 있었음을 기록한다.

"이 시편을 악용하고 악한 목적을 장려하는 것이 수도사들의 입장에서, 특히 프란시스코 수사들에게 어찌 신성모독이 아닌가! 만일 어떤 자가 이웃에게 악의를 품는다면 그를 저주하는 악하고 비열한 사람 중 하나가 되는 것은 너무 당연한 일이며 그는 이 시편을 매일같이 되풀이 할 것이다. 프랑스에서 한 여성이 이 수사들을 고용해 그녀 자

---

10) C. S. Lewis, *Christian Reflections*, 118
11) C. H. Spurgeon, *The Treasury of David*, 5:157.
12) D. J. Wiseman, *Vassal-Treaties of Esarhaddon*, 60. 참조 시편 109편 19절 "또 저주하기를 옷 입듯 하더니 저주가 물 같이 그의 몸 속으로 들어가며 기름 같이 그의 뼈 속으로 들어갔나이다."

신과 그의 외아들에게 이 시편으로 저주하도록 시킨 것을 나는 알고 있다."[13]

누구의 저주인가?

시편 109편에 대한 중요한 질문은 6-19절의 격렬한 저주가 누구 입으로 부터 나온 것인가 하는 것이다 - 다윗의 입인가 그의 적의 입인가? 시편의 현대적 해석에서는 6-19절에 종종 따옴표를 집어넣는다. 그것들은 다윗의 원수가 그를 대항하며 언급한 말로 간주된다. 만일 이것이 주석적으로 좋은 해석이 될 수 있다면 비록 다른 저주시편들의 공격성이 완화되지 않을 지라도 시편의 공격성은 크게 경감되고 도덕적 딜레마는 사라지게 된다.[14]

어쨌든 중요한 내적 요소가 반복된 호칭 '가난하고 궁핍한 자' (הָאֶבְיוֹן עָנִי) 라는 주장을 거스른다. 이것은 시편에서 '경건한 자' 와 같은 뜻의 주요 구절이다. 그것은 시편 109:16과 22절('테' 의 안과 밖; 31절)에 있다. 말과 감정의 의도적인 연결은 시편저자와 보복을 청하는 자 사이에 나타

---

13) Calvin, *Commentary on the Book of Psalms*, 4:276.
14) 이 문제에 대해서는 학자들의 논쟁이 있는데 요약하면 ① 시편들은 가끔 출처 불명의 인용들을 한다(시 22:9; 137:3) ② 원수들을 복수로 사용하다가 6-19절에서는 단수로 수정한다. 와이저는 이러한 수정은 6-19절이 시편저자 자신에게 향한 저주를 인용했다고 설명한다. Weiser, The Psalms, 691.; Kraus, Psalms 60-150, 338.; Allen, Psalms 101-150, 21:73; David P. Wright, "Ritual Analogy in Psalm 109," *Journal of Biblical Literature* 113 (1994): 400., ③ 명령형을 사용하던 이전 절과는 달리 동사가 없는 20절은 '이것' (זֹאת)에 의해 구조적으로 매우 강조되고 있다. 크라우스는 이전에는 청원자가 야훼에 대한 원수들의 저주를 말하다가 이제는 야훼에게 직접 방향을 돌리고 있다고 주장한다. H. J. Kraus, Psalms 60-150, 338. ④ 6-19절은 반복적인 용어들이 구조적으로 나타난다. '악' (109:4, 20), '말하다' (109:2-3, 20), '고소하다' (109:4, 20). L. C. Allen, *Psalms 101-150*, 21:73.

난다.

> 그가 인자를 베풀 일을 생각하지 아니하고 가난하고 궁핍한 자와 마음이 상한 자를 핍박하여 죽이려 하였기 때문이니다 (시편 109:16)

> 나는 가난하고 궁핍하여 나의 중심이 상함이니이다 (시편 109:22)

시편 109:6-19와 평행하는 이 저주탄원은 예레미야 18:19-23에서 볼 수 있다. 예레미아 18장에서 야훼는 약속된 재앙에 대한 예언자의 요청에 답하신다:

> 여호와여 나를 돌아보사
> 나와 더불어 다투는
> 그들의 목소리를 들어 보옵소서
> 어찌 악으로 선을 갚으리이까 마는
> 그들이 나의 생명을 해하려고 구덩이를 팠나이다
> 내가 주의 분노를 그들에게서 돌이키려 하고
> 주의 앞에 서서 그들을 위하여
> 유익한 말을 한 것을 기억하옵소서
> 그러하온즉 그들의 자녀를 기근에 내어 주시며
> 그들을 칼의 세력에 넘기시며
> 그들의 아내들은 자녀를 잃고 과부가 되며;

여호와여 그들이 나를 죽이려 하는 계략을

주께서 다 아시오니

그 악을 사하지 마옵시며

그들의 죄를 주의 목전에서 지우지 마시고

그들을 주 앞에 넘어지게 하시되

주께서 노하시는 때에

이같이 그들에게 행하옵소서 하니라 (강조의 첨부)

덧붙여 사도들은 이것을 그의 적보다 다윗의 말로 이해했다. 베드로는 가룟 유다를 염두에 두며 시편 109:8의 저주들을 명백히 다윗의 말(행 1:16, 20)로 돌렸다. 베드로가 적용한 그 귀절에는 주요 언급에 대한 암시가 깔려있다.[15] 더군다나 '비열한 배신자와 밀접한 관계로 돌리는' 시편의 이 유형론적 적용은 시편 109편의 저주들을 적절한 컨텍스트로 사용하는 것이다.

정의에 대한 청원

다윗의 경고를 야기한 그 범죄는 사소하거나 일시적인 것이 아니라 그의 사랑을 미움으로, 그의 선을 악으로 갚은 것이다(시 109:4-5). 이 주제는 저주시편 어디서나 반복되고 더 세부적 일까지 넓게 적용된다. 35:11-15, 19에서 다윗은 암송하기를,

---

15) 베드로는 다윗을 통하여 이것들을 말하는 것은 성령이라고 연결시킨다(행1:16).

불의한 증인들이 일어나서 내가 알지 못하는 일로 내게 질문하며

내게 선을 악으로 갚아 나의 영혼을 외롭게 하나

나는 그들이 병들었을 때에

굵은 베 옷을 입으며 금식하여 내 영혼을 괴롭게 하였더니

내 기도가 내 품으로 돌아 왔도다

내가 나의 친구와 형제에게 행함 같이 그들에게 행하였으며

내가 몸을 굽히고 슬퍼하기를 어머니를 곡함 같이 하였도다.

그러나 내가 넘어지매 그들이 기뻐하여 서로 모임이여

불량배가 내가 알지 못하는 중에 모여서

나를 치며 찢기를 마지 아니하도다

부당하게 나의 원수된 자가 나로 말미암아 기뻐하지 못하게 하시며 까닭없이 나를 미워하는 자들이 서로 눈짓하지 못하게 하소서

시편 109에는 다윗이 절망적으로 궁핍한 위치에 있었고, 원수사랑의 모범을 이미 보여주었다. 어쨌든 이 사랑은 얕보이고 반복적인 증오로 응답되었다. 심지어 적의 소송과 다윗의 역 저주 사이에서 다윗은 분명히 적에 대한 관심을 그의 기도에서 계속적으로 나타낸다(4절).[16] 적의 인애의

---

[16] 스펄전은 "다윗이 했던 것처럼 우리는 우리들의 악한 원수들이 회개하기를 기도해야 한다. 그러나 주님의 적대자들과 돌이킬 수 없는 악한들에 대해서는 그들이 잘 되기를 바랄 수 없다. 반면에 우리는 그들이 파멸하기를 바란다. 그들이 여자와 어린이에 대한 야만인들의 행위나, 죄 없는 사람을 죽이려고 공모하고, 희망없는 고아를 잔인하게 압박하고, 선하고 부드러운 것을 감사하지 않는다는 것을 들을 때, 가장 부드러운 마음은 위엄으로 불타게 된다. 정의로운 자들에 대한 축복보다 악한 자들의 저주는 더 심할 것이다"고 했다. Spurgeon, *The Treasury of David*, 5:157.

결핍[17], 법조직 남용이 극대화된 상황에서, 다윗은 그의 남은 의지로 호소한다.[18] 다윗은 지구상에 실제로 의롭게 행할 신성한 재판관에게 간청한다. 그는 시편 109편에서 적이 보여준 혹사가 탈리오법칙에 따라 완전히 바로 잡혀지기를 요청한다.[19]

- 2절의 "악한 입…을 열어 나를 치며"는 6절 "악인이 그를 다스리게 하시며"와 7절 "그가 심판받을 때에 죄인이 되어 나오게 하시며"로 응답된다.
- 4절의 "나는 사랑하나 그들은 도리어 나를 대적하니"는 6절 "사탄이 그의 오른쪽에 서게 하소서"와 20절 "이는 나의 대적들이 여호와께 받는 보응이니이다"로 응답된다.
- "16절의 그가 인자를 베풀 일을 생각하지 아니하고"는 12절 "그에게 인애를 베풀 자가 없게 하소서"로 응답된다.
- 16절의 "그가…가난하고 궁핍한 자와 마음이 상한 자를 핍박하여 죽이려 하였기 때문이니이다"는 8-15절의 압제자 위에 호소된 저주로 응답된다.

---

17) '사랑-친절' (חֶסֶד) 은 시편전체를 통하여 조성되고 있다. 다윗은 원수들이 가난한 사람들에게 자비를 베풀지 않은 행실 때문에 그들에게 '사랑-친절' 베풀기를 보류하고 있다(109:12-16). 하지만 다윗은 두 번씩이나 그의 궁지로부터 구원받은 것을 근거로 '사랑-친절'을 청원하고 있다(21, 26절).
18) 시편 109편은 고소, 정죄, 고발인, 피고 등의 법정의 언어를 사용하고 있다(2-4, 6-7, 31).
19) 다윗은 무고한 피고인 이라는 법정 용어를 사용한다.

- 17절의 "그가 저주하기를 좋아하더니"는 곧바로 "그것이 자기에게 임하고"라는 말로 17-19절에 걸쳐 응답된다. 그의 간청은 적이 저지른 악행을 우리에게 알려준다. 8-15에서 적에게 내려지기 바라는 혹독한 저주는 적이 저지른 바로 그 범죄의 특색을 묘사한다(16-20절).
- 18절의 "또 저주하기를 옷 입듯 하더니"는 29절 시편 저자의 "대적들이 자기 수치를 겉옷 같이 입게 하소서"의 탄원을 역행한다.

여기서 주목할 것은 비록 개인의 적[20]으로 알려진 자가 저주를 받더라도 다윗은 개인적인 복수를 취하지 않았고 그러한 상황을 기대하지도 않았다는 것이다. 오히려 그는 법적으로 옳은 입장에 있으면서도 하나님에게 정의를 위한 보복요청을 포기한다(신 32:35; 롬 12:19).[21] 그는 복수를 원하는 상처받고 가슴 아픈 울부짖음을 하나님께로 가져온다(시 109:21, 21, 26-29). 그리고 신의 구원이 이루어지는 때, 이 울부짖음은 공개된 찬양으로 바뀌게 될 것이다(30-31절).[22]

---

20) 다윗의 다른 저주시편들은 개인적인 원수들을 말하고 있다. 54편 7절은 십(Ziphites)사람들을, 56편 8절은 불레셋과 다른 원수들을, 그리고 59편 6절과 12-14절은 사울과 그를 죽이러 온 사람들을 지칭한다.
21) 이러한 예는 구약성경의 윤리가 하급의 윤리라는 것을 보여주는 것은 아니다. 신구약성경 모두 변하지 않은 하나님의 계시된 윤리의 원칙이 있다. 구약성경의 초점은 크리스천들이 종말을 기다리는 동안 이 세상의 일시적인 윤리라고 설명될 수도 없다. 구약성경 역시 신약성경과 마찬가지로 마지막 종말의 희망을 가지고 있다.(사 66:22-24; 롬 1:18-32; 13:3-4)
22) 이것은 하나님의 활동하심에 대한 시편 저자의 자신 있는 표현이다.

그것이 하나님이 하시는 일의 본질이다. 적에 대한 하나님의 복수는 그의 백성을 위한 구원행위이다. 하나님은 그의 백성과의 계약관계에 있어 항상 신실함 속에 있다.

신학적인 기초: 신적인 저주의 약속

아브라함과의 계약

만일 시편 109편이 개인적인 원수에 대해 다윗이 실제로 한 저주라면, 어떻게 이렇듯 생생하고 명백한 저주가, 특히 공격자의 어린이들을 죽이려고 하는 저주가 정당화될 수 있을까(109:10, 12-5)? 이미 우리가 다루었던 탈무드 법안에 표현된 신적 원칙과 더불어 그를 학대하던 사람들에 대한 거친 저주들을 정당화 할 수 있는 것은 아브라함의 계약에서 가능하다. 창12장 3절의 아브라함과의 약속으로부터, 하나님은 그의 백성을 저주하는 사람은 저주받을 것이라고 말씀하셨다.[23]

---

23) 저주시편들은 하나님 계시의 근거인 율법에 저주신학의 근거를 가지고 있다. 비록 시편은 창 12:3을 인용하지는 않지만, 그의 백성들을 저주하는 자는 저주받으리라는 하나님의 약속에 근거하고 있다. 이러한 하나님의 축복과 저주는 개인적이거나 아니면 공동체적인 차원에서 형성됐다. 그 약속은 아브라함에게 주어졌지만 그의 후손들에게 이어졌고, 신앙으로 그 계약 속에 들어 온 모든 사람들에게 이어졌다. 창 27:29에서 이삭에 의한 야곱의 축복에도 그 신학은 이어지고 민 24:9에서도 발람에 의한 발락의 저주에도 이어지고 있다(참조. 출23:22; 신30:7). 이러한 예는 예언자들에게도 이어진다. 예 18:18-23의 개인적인 저주와, 그리고 이스라엘의 죄에 대한 주위 국가들의 심판(아모스 1-2장), 그리고 오바댜 8-15장의 에돔에 대한 심판 약속에 까지 이어지고 있음을 볼 수 있다.

"너를 축복하는 자에게는 내가 복을 내리고
너를 저주하는 자에게는 내가 저주하리니…"
[וּמְקַלֶּלְךָ אָאֹר, 우메파렐카 아오르]

이 계약은 아브라함의 신앙의 자녀들을 축복하는 사람은 신의 축복을 받고, 그들을 경멸 (קלל)하는 자는 저주(ארר)하겠다는 단언이다.[24] 또 이 계약은 국가에 대한 계약이 아니라 하나님의 백성에 대한 계약이다.[25] 이것은 갈 3:6-29에 명확하게 나타나는데, 아브라함의 계약이 신약의 성도들을 포함할 뿐만이 아니라 위협적인 저주와 신적 경고가 이스라엘 계약의 백성 안에서도 선언될 수 있다는 것이다(시 50:16-22). 아브라함은 인종으로서가 아니라 신앙으로서 그 정체성의 원칙이 된다.(롬2:28-9).[26]

창 12:3에서 하나님 백성의 원수는 하나님의 원수로 묘사된다. 시편 109편에서 다윗도 이 선상에 있다. 그가 하나님께 강하게 청원하는 것은 고대동방의 양식과 비슷하면서도 그가 약속받은 것을 행하는 것 즉 그에게 잘못 대하는 사람들을 저주하는 것이다.[27]

---

24) לְלֵל , אָרַר 두 단어 모두 저주에 쓰이는 단어이다. qillel은 법정의 상황에서(신27:15-26)에서 arar은 "모멸"이라는 뜻을 담고 있다(출21:17). 하르만은 창 12:3의 계약에서 아브라함에게 한 저주는 하나님께 향한 저주라고 주장한다. Allan M. Harman, "The Continuity of the Covenant Curses in the Imprecations of the Psalter," *Reformed Theological Review* 54 (1995):68.
25) Laney, "A Fresh Look at the Imprecatory Psalms" 42
26) 창 12장-22장의 설화들은 신앙이라는 주제가 근본 배경으로 설정되어 있다.
27) 이러한 주제는 고대근동의 국가 간의 조약 속에서 매우 흔한 일이다. 히타이 조약이 써있는 비문에 다음과 같은 글이 있다. "나의 친구로서 너는 나의 친구가 될 것이고, 나의 원수로서 너는 나의 원수가 될 것이다." Pritchard, ed., *Ancient Near Eastern Texts Relating to the Old Testament*, 204

말씀에 진실하라

창 12:3절의 문학적 메아리는 시편에서도 발견된다. 시편 109:17은 원수에 대한 경멸스러운 저주를 축복의 결핍이라 말하고 있다. 28절 원수들의 저주는 하나님의 축복과 대비되어 나타난다.

덧붙여, 분명한 저주의 공식이 다윗의 저주시편에 표현된 아브라함의 계약으로 구축한 모세의 법전에 있다. 여기서 중요한 것은 하나님은 저주의 약속에 있어 신실하고 그가 약조한 것을 특히 저주하신다는 것이다. 시편 109:9, "그의 자녀는 고아가 되고 그의 아내는 과부가 되며…"를 예로 들면 명백히 출 22:22-4는 야훼의 말씀에 근거한 탈리오법칙에 대한 청원이다. 왜냐하면, "만일 너희가 그들을 압제하면 그들은 나에게 울부짖을 것이요, 나는 그들의 울부짖음을 들으리라. 그때 나의 분노는 일어날 것이고 나는 너를 칼로 죽이리라"는 시편의 상황은 모두 다 신명기 27:19 "객이나 고아나 과부의 송사를 억울하게 하는 자는 저주를 받을 것이라"의 답변이다.

더구나, 시편 109편은 아버지의 죄악 행위를 아들에게까지 갚는다는 약속을 회상하게 한다(출 20:5-6; 34:7).[28] 시편 109:14절 "여호와는 그의 조상들의 죄악을 기억하시며…"는 압제자들의 후손에게 까지도 저주가 있음을 말하고 있다. 다윗은 그가 약속 받은 것을 근거로 하나님께 청원하고 있다. 필즈(H.G. L. Peels)는 그러한 저주의 기도는 하나님과 그의

---

28) 하나님의 정의가 매우 강하게 보이지만 그의 사랑-친절에 비교하면 경미하다고 할 수 있다.

백성사이의 계약 관계 속에서 올려진다고 말한다.

"계약은 하나님 없는 불경한 자들의 분노에 의하여 위협받는다. 죽어지는 것은 그들이 아니고 정의이고 중재자는 찾을 수 없다. 시편저자들이 원수들의 심판을 위해 하는 저주기도는 불경한 자들에 대한 하나님의 계약적 저주와 연결되어 있다."29)

계속되는 약속

신적 저주의 약속이 크리스천에게 적합한가? 라는 질문을 다시 묻게 된다. 신약 성경은 신앙을 통해 그리스도를 믿는 모든 사람들에게 오래 참고 견디는 아브라함의 약속을 확인한다: "너희가 그리스도의 것이면 곧 아브라함의 자손이요 약속대로 유업을 이을 자니라"(갈 3:29). 만일 어떤 사람이 아브라함의 계약의 자손이면, 그 사람은 축복과 저주의 약속의 후손이다.30) 이 양극의 약속은 영적인 추상적인 개념이 아니고 실제로 신약 성서 안에서 반향된다. 색다른 예지만, 극단적 시대에 사는 모든 하나님의 백성에게도 적용된다.

예수께서 12제자를 파송할 때, 그들이 너희를 환영하면 그들이 평화롭게 남아 있도록 했다. 그 하나님은 제자들을 통하여 그들을 축복하는 사람들을 축복했다. 그러나 그들이 거절하면 평화의 반대 상징으로서 그들

---

29) Peels, *The Vengeance of God*, 31:240
30) 바울은 갈 3:8에서 '복음'이 아브라함과 연결됨을 설명하고 아브라함에게 약속된 축복과 저주를 크리스챤들도 같이 나누고 있음을 제시하고 있다.

의 발의 먼지를 떨어버리고 심판이 다가올 것이라고 저주했다. 그 하나님은 제자들을 통하여 그들을 저주하는 사람들을 저주했다(마 10:11-15).[31] 이러한 행동은 비록 소리는 없지만 명백한 저주이다.[32]

같은 계약의 원리는 눅 18:1-18의 예수의 가르침에서도 강조된다. 하나님이 그들의 절망적인 상황(7절) 속에서 계약을 세워 그의 백성을 위로한 것처럼 예수께서도 적대자들에 대한 과부의 청원(3절)을 예로 들고 있다. 신앙인들의 생활 속에서 아브라함적인 저주의 상황이 계속적으로 나타나는데, 바울과 복음을 강하게 반대했던 구리세공업자 알렉산더에 대한 신적복수에서도 발견할 수 있다(딤후 4:14-5). 비록 저주의 강도는 약해졌지만, 바울의 단언은 시편 109편의 메아리이다.[33]

시편 109편은 그의 백성을 저주하는 사람들을 저주하겠다는 하나님의 약속이 그대로 지켜지기를 바라는 계약의 주에게 드리는 가혹하지만 명백한 청원이다. 그 약속은 아브라함에게서 시작했고(창 12:3) 말없이 본래대로 남아있다(갈 3:5-9, 16-8). 이것이 공동체 신앙의 경전적 기능이고, 이 시편은 의지할 곳 없는 하나님 자녀의 정의를 향한 울부짖음이다. 불공평한 개인적 잘못에 대한 어떤 배상도 가능하지 않다. 하나님의 선과

---

31) 양과 염소의 비유(마 25:31-46) 그리고 바울과 바나바(행 13:51)를 참조.
32) 웬헴은 제자들에게 주어진 저주야말로 심판의 날에 있을 가장 준엄하고 상징적인 저주라고 한다. Wenham, *The Goodness of God*, 157.
33) 많은 초대 크리스천들이 바울의 이 말을 저주로 이해했다. 비잔틴 사본은 $\alpha\pi o\delta\omega\eta$를 사용함으로 저주의 의도를 강하게 하고 있다. 그러나 바울은 마지막에 "그들에게 허물을 돌리지 않기를 원하노라"(딤후4:16)는 기도로 맺는다.

명예에 대한 원수의 남용은 항상 의문 속에 있다. 하나님의 이름과, 끝까지 참는 신앙인의 믿음은 위태로움에 처해 있다.

이러한 상황에서 가장 먼저 해야 할 것은 기도이다. 그러한 상황에서는 기도가 가장 적절한 방법일 것이다.

신앙 공동체는 시편을 개인적이고 내적인 이유로 적용한다. 특히 이것은 폭력적인 범죄의 희생자에게도 적용된다. 부르지만(Bruggemann)은 예를 들어, 시편의 울부짖음은 "분노와 모욕을 어떻게 처리해야 할지를 모르는 강간당한 여인의 목소리… 이런 경우 탄원할 법정이 없기에 하늘을 향하여 울부짖는 것과 같다고 설명한다. '이웃을 사랑하라'는 말은 슬퍼하는 이웃과 함께 법정에 가라는 의미이다."[34] 젠거(Erich Zenger)는 기도는 "원수를 마주한 그들의 공포스러움에도 불구하고 기도함으로서 하나님이 싫어하는 폭력에 항거하여 희생자를 도울 수 있고, 정의와 복수의 하나님을 향한 울부짖음을 대신할 수 있고, 인간의 위엄을 지키며, 비폭력을 유지하게 한다"고 제시한다.[35]

---

34) Brueggemann, *Message of the Psalms*, 87.
35) Zenger, *A God of Vengeance? Understanding the Psalms of Divine Wrath*, 92.

PART III

신약성경과의 충돌

6장_분명한 대비

원수, 나의 이웃

"네 원수를 사랑하라"

마태가 편집한 산상수훈(마 5장-7장)은 기독교 윤리의 근본을 제시하고 있다.[1] 산상수훈의 중간지점에 예수의 율법해석의 정점인(5:17-48) '네 원수를 사랑하라(44절)'는 깜짝 놀랄 구절이 있다. 구약성서의 가르침과 대립되는 것처럼 보이는 매우 급진적인 예수의 선언이다.

이러한 대비는 실제로 더 분명히 나타난다. 예수 스스로 구약성서를 인

---

1) 산상수훈은 특별히 그의 제자들에게만 가르친 교훈이다(마 5:1-2).

용하여 새롭게 해석하는 문구 중에 "내가 율법이나 예언을 폐하러 온 줄로 생각하느냐? 폐하러 온 것이 아니라 성취하러 왔다"(마 5:17)라고 말씀하신다. 이러한 말씀 중에서 예수는 자신이 구약성서의 맞수로(rival) 온 것이 아님을 언급하고 있다. 그는 그보다 먼저 있는 것들을 파괴하러 온 것이 아니고 구약성서가 우리를 그리스도에게로 밀어주고, 그리스도 안에 집약되고, 그리스도를 통하여 해석되어야 한다고 말하고 있다.[2] 칼슨(D. A. Carson)도 "예수의 사역은 구약성서에 반대하는 것이 아니고 열매로 맺어짐"을 지적하고 있다. 이런 의미에서 율법과 예언은 폐지되는 것이 아니고 예수 안에서 생생한 연속성으로 나타나게 된다.[3]

이어지는 말씀(마 5:21-48)에서 예수는 구약성서의 근원적인 계명들을 가르치심에 있어 반복적으로 그리고 과장되게[4] 당시의 유행하는 바리새파나 서기관들의 이해와 대비됨을 선언하고 있다. 그는 그의 권위에 근거하여 계명의 의도를 핵심적으로 설명한다. 이러한 행위는 예수 그리스도가 율법의 수여자 하나님의 수준으로 자신을 도치시키는 움직임이다. 무리들은 그러한 권위를 인식했다. 진실로 그리스도의 권위와 유대종교 지도자들의 권위는 대비적으로 나타난다. 그의 설교 결론에서 무리들은 예

---

[2] 눅 24:27, 44-45; 요 5:39-40, 46 과 비교하라
[3] D. A. Carson, *The Sermon on the Mount: En Evangelical Exposition of Matthew 5-7* (Grand Rapids: Baker, 1978), 37
[4] 예수의 과장법은 강조하기 위한 예에서 잘 나타난다. 눅 14:26에서 "무릇 내게 오는 자가 자기 부모와 처자와 형제와 자매와 더욱이 자기 목숨까지 미워하지 아니하면 능히 내 제자가 되지 못하고" 라고 했지만 마 10:37에는 "아버지나 어머니를 나보다 더 사랑하는 자는 내게 합당하지 아니하고 아들이나 딸을 나보다 더 사랑하는 자도 내게 합당하지 아니하며"로 부드럽게 표현한다.

수의 말씀에 놀란다 (7:28 -29).

더구나 그리스도의 재해석은 바리새파인들의 의를 뛰어넘어서(5:20) 그리고 하나님의 의에 버금가는(48절) '불가능한 의'를 말하고 있다.[5] 43-48에 이 가르침의 절정이 있다.[6]

또 네 이웃을 사랑하고 네 원수를 미워하라 하였다는 것을 너희가 들었으나
나는 너희에게 이르노니 너희 원수를 사랑하며 너희를 박해하는 자를 위하여 기도하라
이같이 한즉 하늘에 계신 너희 아버지의 아들이 되리니 이는 하나님이 그 해를 악인과 선인에게 비추시며 비를 의로운 자와 불의한 자에게 내려주심이라
너희가 너희를 사랑하는 자를 사랑하면 무슨 상이 있으리요 세리도 이같이 아니하느냐
또 너희가 너희 형제에게만 문안하면 남보다 더하는 것이 무엇이냐 이방인들도 이같이 아니하느냐
그러므로 하늘에 계신 너희 아버지의 온전하심과 같이 너희도 온전하라.[7]

---

5) 완전하라는 요청은 하나님과 그 은혜에 의존하지 않고는 불가능한 것이다.
6) 5:43-48에서 48절은 가장 으뜸인 사랑과, 우리들의 예증으로 하나님의 활동을 포함하고 46-47절은 원수 사랑을 함축적으로 말하고 있다.
7) 평행구절 눅 6:27-28, 35-6은 다음과 같다. "그러나 너희 듣는 자에게 내가 이르노니 너희 원수를 사랑하며 너희를 미워하는 자를 선대하며" 또한 "너희를 저주하는 자를 위하여 축복하며 너희를 모욕하는 자를 위하여 기도하라. 오직 너희는 원수를 사랑하고 선대하며 아무 것도 바라지 말고 꾸어 주라 그리하면 너희 상이 클 것이요 또 지극히 높으신 이의 아들이 되리니 그는 은혜를 모르는 자와 악한 자에게도 인자하시니라. 아무에게도 실망하지 말고 너희 아버지의 자비로우심 같이 너희도 자비로운 자가 되라."

율법에 대한 6개의 예수의 반제 중, 마 5:43, "네 이웃을 사랑하라"는 레위기 19: 18의 인용이다. 레위기의 이러한 말씀들은 보복이나 개인적인 인색함을 금지하는 구절 다음에 따라오는 계명들이다. 예수는 여러 곳에서 이 계명이 두 번째 큰 계명임을 언급했다(마 22:39; 막 12:31; 비교 눅 10:27)). 하지만 "원수를 미워하라"는 구약성서에 나오지 않는다.[8] 그러나 쿰란 공동체의 법칙(1QS)에 이와 유사한 것들이 있다. 이 문서는 공동체의 결의와 함께 시작된다. "하나님의 법정 안에서 그의 분깃을 따라 빛의 자식들을 사랑하고 그리고 하나님의 복수 앞에서 그의 죄에 따라서 어둠의 자식들을 미워하라" (1QS1:9-11).[9] 이 미움은 연민의 원천적인 감정을 포함하고 있다(10:20-1).[10] 예수시대의 많은 사람들이 만일 구약성서에서 이웃을 사랑하라고 명령했다면, 당연히 원수를 미워하라는 계명이 있음을 믿었을 것이다.[11] 이런 이해는 기원전 2세기 외경 시락 12:4-7에 나타

---

[8] 어떤 학자들은 원수를 미워하라는 명령은 구약성경의 가르침의 정당한 요약이라고 말한다. 여기에 반대하여 E. F. Sutcliffe는 쿰란의 말을 인용하여 이를 반대한다. "하나님은 죄와 죄인들을 역시 싫어한다. 그들이 죄에 얽매어 있는 한 그들은 증오스러운 죄에 매혹되어 있기 때문이다. 그럼에도 불구하고 하나님은 그들의 회개와 용서를 원한다. 그는 정의를 가지고 벌할 수도 복수할 수도 있다. 그러므로 경건한 이스라엘은 하나님의 길을 따르면서, 죄와 죄인을 싫어하고, 하나님의 보복의 도구로 소명 받았음을 알아야 한다. 개인적인 싫어함과 보복을 즐기지 않아야 한다. 근 반드시 원수들에 친절해야한다. 그는 이웃을 사랑해야하고 그 땅에 사는 외국인들을 자신처럼 사랑해야 한다. 그는 모든 일을 자신에게 하듯이 행동해야한다" "Hatred at Qumran," *Revue de Qumran* 2 (1960), 349.

[9] James H. Charlesworth, ed., *The Dead Sea Scroll: Hebrew, Aramic, and Greek Text with English Translations, vol 1, Rule of the Community and Related Documents*(Louisville: Westminster John Knox, 1994), 6-7

[10] 위의 책 46-47.

[11] 이러한 흐름은 단지 쿰란공동체에만 국한되지 않는다. 일반적인 사람들은 사마리아 사람들에게 싫어하는 마음을 가졌다(느 4:6; 요 4:9). 열심당(Zelots)은 정치적 동기로 로마에 대해서 적개심을 가졌다.

난다.[12]

경건한 사람에게 주어라 그러나 죄인을 돕지는 말아라
겸손한 사람에게는 잘해주어라 그러나 불경건한 사람에게는 주지 말아라;
그의 빵을 걷어 들이고, 그에게 주지 말아라,
이것을 빌미로 그가 너를 정복할지라도;
왜냐하면, 너는 죄악을 두 배로 받을 것이고
네가 그에게 베푼 좋은 일들 때문에
왜냐하면 가장 높은 신분도 죄인들을 싫어하신다
그리고 불경건한 것에는 벌을 내리신다
좋은 사람에게 베풀어라, 그리고 죄인을 돕지 말아라.[13]

---

12) 이러한 말들은 마태복음 5장의 예수의 말과 로마서 12장의 바울의 말과 상반되는 것이다.
13) Bruce M. Metzger, ed., The Oxford Annotated Apocrypha, Revised Standard Version, expanded ed. (Oxford University Press, Inc,. 1877), 143. 고대의 바벨로니아 *Counsels of Wisdom*은 상반된 충고를 하고 있다
"너와 논쟁하는 사람을 악으로 갚지 말아라.
너에게 악을 행하는 사람에게 친절하라
너의 원수에게 정의를 실천하고
너의 적들을 향하여 웃어라
만일 나쁜 마음이 너를 지배하거든
너의 마음을 악에 두지 말아라
. . .[. . .] 신에게 동의하고
악이 [. . .] 마덕(Marduk)의 [. . .] 싫어하다

음식과 마실 것을 주고
무엇을 원하든지 정중하게 주어라
하나님이 이러한 사람을 기뻐하고
이것은 사마스(Samas)를 기쁘게 하고 보상해 * 것이다."
W. G. Lambert, *Babylonian Wisdom Literature* (Oxford: Clarendon,1960), 101-3.

그러나 예수께서는 말씀하신다 "네 원수를 사랑하라." 그는 그를 따르는 사람들이나 청중들이 생각하지도 못할 단언적인 말씀으로 충격을 주고 있다. 마태복음 5:43-8의 급진적인 예수의 사랑 명령에서, 레위기 19:18에 표현된 '원수'는 사람 사이에서 형성된 '이웃'을 말하기도 하지만, 정치적 의미의 적개심이나 궁극적으로 내적인 증오까지도 포함하는 개념을 의미한다. 진실로 마음의 증오는 예수가 강조하고 있는 부분이다.[14]

더 구체적으로, 원수는 '너희를 핍박하는 사람들(마 5:44)', '악과 불의(45절)', 암시적으로 '너를 사랑하지 않는 사람'(46절), 그러나 탐욕스럽고 매국노라고 생각하는 '세리', 너희들의 형제라고 생각하지 않는 사람, 그리고 이방인(47)을 의미한다.

선한 사마리아 사람의 비유에서(눅 10:25-37),[15] 예수는 이웃에 대한 근본적인 생각을 더 넓히고 있다. 즉 원수사랑을 포함한 이웃사랑의 개념을 제시하고 있다. "누가 나의 이웃이냐"는 질문은 '너희들의 원수'라는 답변을 목표로 하고 있다. 실질적으로 사마리아인에 대한 유대인의 태도는 '원수'였기에(요 4:9), 예수는 "누가 이 사람에게 이웃이었냐?"고 묻고 있다 (눅 10:36). 누구든지 간에 무언가를 필요로 하는 사람이 이웃이라고

---

14) Ceslaus Spicq는 예수는 성취될 율법의 영을 가지고 있다고 주장한다. *Agape in the New Testament, vol 1, Agape in the Synoptic Gospels*, trans. M.A. McNamara & M. H. Richter (London: Herder, 1963), 11.
15) 이 비유 뒤에 72명을 파송하는 기사를 생각해보자.

답하지만 궁극적으로는 '원수'를 암시하고 있다.

덧붙이면 이 비유에 나타난 '친절'은 사랑에 있어 필수적인 행위이다. 산상설교나 평지설교에서 사랑은 악이나 감사하지 않는 것들에게 보여준 하나님의 친절과 연민을 통해 자신의 완전함을 나타내시는(마 5:48) 하나님의 행동이며, 이것을 따르는 것이 사랑이다. 이 사랑은 친구나 원수에 대해 차별하지 않는 친절과, 그의 추종자들이 '완전성'을 모방하는 특징을 갖고 있다.[16]

암시적 의미에서 명시적 의미까지

'원수사랑'은 구약성서에서도 낯설지 않은 개념이다. 원수사랑에 대한 많은 예들이 구약성서에 나타난다. 출애굽기 23:4-5에 "네가 만일 네 원수의 길 잃은 소나 나귀를 보거든 반드시 그 사람에게로 돌릴지며, 네가 만일 너를 미워하는 자의 나귀가 짐을 싣고 엎드러짐을 보거든 그것을 버려두지 말고 그것을 도와 그 짐을 부릴지니라."[17] 또한 잠언 25:21-2에는 "네 원수가 배고파하거든 음식을 먹이고 목말라하거든 물을 마시게 하라. 그리 하는 것은 핀 숯을 그의 머리에 놓는 것과 일반이요 여호와께서 네

---

16) Robert Danney "The Christian's Duty Towards His enemies," in *Discussions by Robert L. Dabney*, ed. C. R. Vaughan (Richmond : Presbyterian Committee of Publication, 1890) 1:720 를 참고하라.

17) 베츠(H. D. Betz)는 이 구절은 원수들에 대한 것이 아니고 동물들에 대한 것이라고 반박한다. 당시의 농경사회에서 동물은 중요한 운송 수단이었기에 쉽게 포기할 수 없는 자산이었다. Hans D. Betz, *The Sermon On the Mount*, ed. H. Koester et al. (Minneapolis: Fortress, 1995), 307.

게 갚아 주시리라"[18]

고대의 성인들도 이 계명에 순종했다. 나아만에게 잡혀온 이스라엘 여종이 적군의 장군의 병 고침을 위해 조언을 한 것은 눈여겨볼 점이다. 야훼는 그의 예언자 엘리사를 통해 친절하게 응답한다(왕하 5장).[19] 더 나아가 엘리사는 하나님의 능력을 통하여 포로가 된 시리아인들을 죽이지 말고 음식과 물을 대접하라고 권고하기도 한다(왕하 6:18-23). 이 경우에 엘리사는 친절함으로 적들의 감정이 누그러질 것이라고 판단했고, 사실로 이루어졌다(23절).

"원수를 사랑하라"라는 말이 단어의 개념에 얽매이지 않는다면 이 사상은 구약성서전반에서 발견되는 것이라고 할 수 있다. 적들을 죽이거나 탄압하지 않고 먹이거나 돌보았을 때, 원수사랑은 이루어졌다.[20] 레위기 19장의 컨텍스트를 보면, 형제와 비슷하게 적용되던 이웃의 개념이 더 넓게 확장되어있다. 이웃은 모든 주위의 공동체를 포함하고 외국인 나그네까지도 포함된다.[21]

레위기 19장은 이스라엘과 외국인 나그네들에게 모두 너 자신처럼 사랑하라고 명령한다. 18절에 "네 이웃을 네 몸처럼 사랑하라"와 같이 34절에

---

18) 바울은 로 12:20에서 잠언 25:21-22을 윤리적인 원리로 인용한다.
19) 요나서 3-4장에서는 아수르에 대한 하나님의 놀라운 사랑을 보여주고 이를 알지 못하는 요나의 모습이 상반되어 나타난다.
20) William Klassen, *Love of Enemies* (Philadelphia: Fortress, 1984), 28.
21) 레위기 19:18에는 '이웃' 과 '너의 백성중 하나' 라는 말이 평행을 이루지만, 구약성서의 개념은 좁은 제한을 깨뜨리고 있다.

"너희와 함께 있는 거류민을 너희 중에서 낳은 자 같이 여기며 자기 같이 사랑하라"고 비교된다. 비록 גר (ger)는 일반적으로 외국인 거류자를 뜻하지만,[22] 이 경우에는 잠정적으로 적에 대한 개념으로도 이해될 수 있다. 비록 이스라엘인들은 이집트에 친구로 들어갔지만, 그들의 이집트에서의 생활은 종살이에서의 적으로 성격을 규정할 수 있다.[23] 야훼 하나님은 이집트인들에게 종으로 취급받던 이스라엘이 외국인 거주자를 압박하고 박해하는 것에 반대적인 생각을 보여주고 있다.

레위기 19장 33절은 외국인을 향한 잘못된 편견을 당연시 하는 것에 대한 반대 의견을 담고 있다.[24] 미묘한 적개심을 사랑의 명령과 연결시켜 친절의 행위로 나타낼 것을 명령하고 있다.

예수는 레위기 19장에 대하여 고상한 아이디어나 이방적 해석을 제시했다기보다, 오히려 구약성서의 가르침의 본질을 정제하여 좀 더 급진적으로 표현한다. 예수는 구약성서와 율법이 제시하는 완곡한 표현을 넘어서는 원수사랑을 명백히 요구한다.

---

22) '이민자' 라는 말은 גר (ger)의 번역인데 여기에 대해서는 Frank A. Sopina, "Israelities as gerim, 'Sojourners,' in social and Historical context," in *The Word of the Lord Shall Go Forth: Essay in Honour of David Noel Freedman in Celebration of His Sixtieth Birthday*, ed C.L Meyers, & M. O'Connor, American Schools of Orient Research Special Volume Series, ed. E. M. Meyers (Winona Lake, Ind: Eisenbrauns, 1983),1:323을 참조하라.
23) 창 15:13; 출 22:20; 23:9 신 10:19; 23:8; 24:17-22를 비교하라
24) 출 23:22-23에는 토착민을 원수로, 신 23:4-5은 모압을 야훼의 민족에서 제외한다.(여 6:25; 룻 1:16과 비교)왕국이 출현한 이후에는 그 상황이 정치적인, 국가적인 상황에서 바뀌게 된다(삼상 22:3-4, 삼하 10 등).

원수 사랑과 저주

저주시편을 통해 예수의 말씀에 도달했지만, 여전히 어려운 질문에 봉착하게 된다. 그의 제자들에게 명한 '원수 사랑'은 시편에 있는 야만적인 호소를 단호히 교체하려는 것인가? 그러나 극단적인 상황에서는 예수도 역시 저주 선언을 주저하지 않았고(막 11:12-4, 20-21), 굳어진 믿음에 대해서 단호하게 욕설적인 경고를 했다(마 11:20-4; 23: 13-9). 비록 경고들은 저주와 구별되기는 하지만 그들은 밀접하게 연결되어 있다. 그것들은 많은 유사점이 있고 의미상 부분적으로 중첩되는 것이 있다.[25]

이것은 예수께서 자신의 급진적인 단언대로 행동한 것을 의미하지는 않는다.[26] 그리스도 자신의 증거와 예를 보면, '원수 사랑'은 지속적이고 차별하지 않는 친절을 보이기 위해 준비된 자세이다. 만일 원수의 불의가 넘쳐흐른다면, 이 사랑은 정의의 요구와 하나님의 보복에 의하여 대체된다. 예수의 접근방법은 거친 말들을 기록한 시편 저자들과 비슷한 점이 있다. 예를 들면, 시편 35: 11-17 과 109: 4-5에서 다윗이 원수들에 대한

---

25) 저주(curse)와 경고(woe)는 다른 단어 이지만 같은 의미로 많이 쓰인다. 여기에 대해서는 Waldemar Janzen, *Mourning Cry and Woe Oracle*, Beiheft zur Zeitschrift fur die altestamentiliche Wissenschaft, ed. Georg Fohrer (Berlin: Walter de Gruyter, 1972), 125:3. 참고; 스가랴 11:17은 경고가 저주와 평행하게 나타나는 대표적인 구절이다. "화 있을진저 양 떼를 버린 못된 목자여 칼이 그의 팔과 오른쪽 눈에 내리리니 그의 팔이 아주 마르고 그의 오른쪽 눈이 아주 멀어 버릴 것이라 하시니라."
26) 십자가상에서 "예수께서 이르시되 아버지 저들을 사하여 주옵소서 자기들이 하는 것을 알지 못함이니이다 하시더라"(눅 23:34). 이와는 달리 딤후 4:14-16은 "구리 세공업자 알렉산더가 내게 해를 많이 입혔으매 주께서 그 행한 대로 그에게 갚으시리니, 너도 그를 주의하라 그가 우리 말을 심히 대적하였느니라." 이 두 구절의 긴장 관계를 주시해 봐야 한다.

반복적인 친절이 헛되게 돌아오는 것을 제시하고 있다. 이것은 그의 극단적인 사랑의 예이다.[27]

넓은 관점에서, 완벽하게 동등하지는 않지만, 원수 사랑과 원수 저주는 이상하게도 서로가 보완적인 것으로 보여진다.[28]

빠른 축복과 느린저주_ 축복은 빠르게, 저주는 더디게

"축복하고 저주하지 말라"

바울은 기독교 윤리를 요약한 롬 12장 9-21에서 이 주제에 대한 보완적인 설명을 한다.[29] 바울의 말들은 예수그리스도의 말씀-"너를 저주하는 자를 축복하라"(눅6:28)와 "너를 박해하는 자를 위하여 기도하라"(마 5:44)-을 회상하게 한다.[30] 바울의 격언은 "너희를 박해하는 자를 축복하라, 축복하고 저주하지 말라"(롬12:14)이다.[31] 여기에 인간의 법에 대응하는 가장 어려운 성서적 윤리가 있다. 왜냐하면, 악한 사람이 박해할 때 본능은 저주하려 하지만, 기독교인은 축복하라는 말이기 때문이다.

---

27) 어떤 상황에서 저주가 일어나는 가를 살펴야 한다. 예를 들면 예 18:18-23; 애가 3:52-66 등에 보면 경건한 자에 대한 죽음의 위협 등이 연결되어 있다.
28) 어떤 의미에서는 하나님은 원수를 사랑하시고 어떤 의미에서는 싫어하신다. 이 둘은 하나님의 윤리적인 판단의 보충적인 대응이다(골 1:21-22).
29) David Alan Black, "The Pauline Love Command: Structure, Style, and Ethics in Romans 1:9-21," *Filologia Neotestamentaria 2* (1989),14.
30) James D,. G. Dunn, *Romans 9-16, Word Biblical Commentary*, ed. D. A. Hubbard & G. W. Barker (Dallas: Word, 1988), 38B:750-51.
31) 이 부분의 문법은 명령형 분사로 되어 있는데 분명히 마 5:44과 눅 6:28에 의존하고 있음을 보인다.

로마서 12장 9-21의 윤리적 명령은 우연히 모아진 것은 아니다. 이것은 서론의 주제어 '순수한 사랑'(η αγαπη ανυποκριτος) 아래 모아지고 구조적으로 잘 짜여진 가르침이다. 순수한 사랑은 모든 것 위에 있으며, 악을 미워하고 선에 속하는 것이다(9절). 뒤에 따르는 구절들은 이 주제어를 중심으로 신실한 사랑이 무엇인지를 설명하고 있다.

더구나 원수를 축복하라는 계명은 "악을 미워하고 선에 속하라"(9절)와 "악을 선으로 갚아라"(21절)는 구절에 둘러 싸여있다.[32]

블랙(David Alan Black)은 "이 반복된 단어가 로마서 12:9-21을 규정하는 중요한 도구이며, 이것은 처음과 끝으로서의 신호만이 아니고 안에 있는 모든 문제들을 서로 연결시키고 결합시키는 역할을 하고 있다"고 설명한다.[33] 그러기에 어떤 면에서 기독교인들은 악을 미워하면서도(9절), 악인들이 잘되기를 기원해야 한다(14절).[34] 이러한 올바른 상황과 적절한 동기로서 거룩한 미움과 순수한 선은 서로 만나게 되는 것이다(19-20; 비교, 시편 35편).

이 구절에 묘사된 순수한 사랑의 예 중에서 롬 12:14의 축복명령은 적절한 문법적 맥락으로서 분사를 사용하지 않고 명령형을 사용함으로 더욱

---

32) 이 구절의 구조를 보면, 9절의 πονηρον(악)은 9절의 κακον(나쁨)과 동의어로 연결되어 있고, 이 둘은 21절의 αγαθω(좋음)과 연결되어 있음을 알 수 있다.
33) David Alan Black, "The Pauline Love Command: Structure, Style, and Ethics in Romans 1:9-21," 16.
34) William Gurnall, *The Christian in Complete Armour* (Glasgow: Blake&Son, 1864; reprint, Carlisle, Pa.: Banner of Truth, 1974), 2:447.

강조되고 있다. 이 강조는 계명의 반복적인 언급과 "저주하지 말라"라는 금지에 의하여 더욱 강하게 나타난다.

바울이 기독교인의 선으로 중요하게 강조한 사랑은 "원수사랑에서 정점에 달하고, 기독교인들의 상호간의 관계에서만 사랑이 퍼지는 것이 아니고, 그들을 파괴하려는 사람들에게 대한 태도이기도 하다."[35] 이러한 계명에 대한 순종은 자격 없는 원수들의 육체적인 필요를 채워주는 곳에 (롬 12:20) 그리고 원수들의 영적인 잘됨을 간구할 때 나타난다. 사랑은 원수들이 그리스도 안에서 영원한 생명으로 인도되기 바라는 마음으로 보여지는 것이다. 이것이 저주보다 축복을 주는 명백한 이유이다. 증오로 깔려있는 악은 결코 용납되지 않지만(9절), "만일 악을 미워하는 감정이 없다면,[36] 원수를 사랑하는 감정도 없을 것이다." 실로 사랑이 염원하는 선은 믿지 않은 원수들의 근본적인 적의를 제거하는 것이다.[37]

어떻게 믿는 사람들이 악을 미워하고 원수를 사랑할 수 있을까? "악을 악으로 갚지 말라"(롬 12:17), 그리고 "너 스스로 원수 갚지 말라"(19절)는 권고는 기독교인들이 개인적인 보복을 고려하지 말라는 것이다. 기독교

---

[35] David Alan Black, "The Pauline Love Command: Structure, Style, and Ethics in Romans 1:9-21," 18.
[36] 크랜필드는 여기에서 전치사 $\alpha\pi o$(from)는 강조적인 전치사이기에 '악을 미워하는 것'이 매우 강조된다고 주장한다. C. E. B. Cranfield, *A Critical and Exegetical Commentary on the Epistle to the Romans*, International Critical Commentary o the Holy Scripture of the Old and New Testament, ed. J. A. Emerton, C. E. B. Cranfield (Edinburgh: T & T Clark, 1979)2:631.
[37] John Piper, "Love Your Enemies": *Jesus' Love Command in the Synoptic Gospel and in the Early Christian Paraenesis* (Cambridge: Cambridge University Press, 1979), 129-30.

인들은 지금이나 미래의 심판 때에 하나님의 정당한 보복이 임하실 것임을 확신할 수 있어야 한다(19-20절). 비록 여기에 그러한 언급이 없더라도, 모든 성서의 이해는 믿는 자는 적절한 시기에 그렇게 되도록 부른다는 것이다.[38] 불의한 심판관의 비유(눅 18:7-8)의 정점은 하나님이 그의 백성들의 부르짖음, 표면상으로 그들의 보복의 부르짖음에 응답하는 분임을 예수께서 제자들에게 가르쳐 주신 것이다. 로마서 12:9-11과 같이, 이러한 윤리적 교훈의 기초는 신적 정의의 확신에 있다. 바울은 하나님의 약속을 "복수는 내 것이다; 내가 갚으리라,"(신명기 32:35) 그리고 경멸된 친절은 신적 복수에 의하여 응답되지 않을 것(잠언 25:21)이라는 구약성서의 구절에 근거하여 지적하고 있다.

원수축복과 저주

어떻게 바울의 명령과 시편 109편에 나타난 격렬한 저주와 연결되는가?[39] 바울은 진정한 기독교인의 일반적 특징과 감성의 원리에 근거하여, 예수께서 산상수훈에서 말씀하신 것과 같은 방법으로 권고하고 있다. 신구약의 다른 저주문구처럼, 저주시편은 극단적인 윤리적 요구를 보장하는 환경에서 나타난다. 마르틴 루터도 그러한 가능한 상황을 인정했기에 "저주하지 않는 것이 나쁜 것"이라고 말했다.[40] 해결책은 "축복은 빨리하

---

38) 롬 13:1-4을 참조하라
39) James D,. G. Dunn, Romans 9-16, Word Biblical Commentary, 9-16, 744-45

고 저주는 더디게" 라는 문구에 잘 나타나 있다. 헹스텐버그(E.W. Hengstenberg)는

"그리스도가 세상을 정죄하러 온 것이 아닌 것처럼, 그러나 세상은 그를 통하여 구원 될 것이다. 고로 기독교인은 하나님의 말씀과 왕국, 그의 종들에게 대항하는 악을 볼 때, 그의 영이 이끄는 첫 번 행동은 시편저자에게도 낯설지 않은 행동으로서, 그들의 완악한 마음이 부드럽게, 그리고 그들의 닫힌 눈이 열리기를 기도하는 것이어야 한다"[41]

'축복은 빨리하고 저주는 더디게' 라는 개념은 기독교인의 특징인 '화를 더디게' 라는 문구와 통할 수 있다. 에베소서 4:31과 골로새서 3:8에는 화(οργη)가 죄로 여겨진다. 신구약 모두, 주께서는 그 화를 눈으로 보는 것처럼 표현된다(예: 느 1:2; 막 3:5). 하나님의 성격을 비난할 수 없는 것처럼 화는 죄를 감출 수가 없다. 야훼는 이러한 명백한 모순을 '화를 더디게' 라는 자기 묘사로 해결한다(출 34:6; 나 1:3). 이것은 "사람마다 듣기는 속히 하고 말하기는 더디하며 성내기도 더디하라"(야 1:19)[42] 라는 기독교인의 삶으로 전환된다.

---

40) Martin Luther, *Luther's Work, vol.21, The Sermon on the Mount and the Magnificat*, ed. Jaroslav Pelikan, trans. J. Pelikan, A. T. W. Steinhaeuser (St. Louis: Concordia, 1956), 101
41) E. W. Hengstenberg, *Commentary on the Psalms* trans. J. Thomson, P. Fairbairn 4th ed. (Edinburgh: T&T Clark, 1869), 3:1 xxx.
42) 이 점은 예 4:31에 나타난 분노에 대한 크리스천의 접근에 상반된다. 그러나 4:26절의 "분을 내어도 죄를 짓지 말며 해가 지도록 분을 품지 말고"를 상고하면 이해될 수 있다.

7장_숯불 덩어리

2001년 9월11일 테러리스트들의 미국 공격은 인류에게 혹독한 악이 존재하고, 그 악이 폭력으로 변할 수 있다는 사실을 직면하게 됐다. 최근에 기독교인들은 세계인류에 대한 무자비한 폭력적 응징에 의해 다시 깨어나게 되었다. 그리스도의 제자들은 투옥과 박해에 고통당하며, 재산이 파괴되고 있다. 그들은 경제적 사회적 차별의 대상이다. 그들은 노예로 팔려가고, 잔인하게 강간당하고, 부당하게 처형되고, 보잘것없이 살해되고 있다. 이런 끔찍한 일이 일어나는 오직 하나의 이유는 그들이 예수를 믿는다는 것이었다. 그런 진짜 악에 대항하여 기독교인들은 무엇을 해야 하는가?

로마서 12장 17-21절은 이에 대한 답을 주고 있다. 앞서 언급한 것처럼 이 구절은 9절부터 시작하는데 '참 사랑' 이라는 표제 아래 제시된 바울의 가장 중요한 사상 중의 하나이다. 9-21절까지는 참사랑이 무엇인지를 구체적인 예를 들어 설명하지만 결론을 내리지는 않는다. 참사랑은 미워하는 사람과의 관계에서 어떤 영향을 끼치는가? 참사랑은 기독교인임을 인증하고(요 13:35), 기독교인은 비록 원수라 할 찌라도 사랑해야 한다는 것이다.

그러나 어떻게 기독교인이 원수들에게 참사랑을 보여줄 수 있는가? 이 사랑은 어떤 것일까, 그 사랑을 어떻게 지속적으로 유지해야 하는가? 로마서 12:17-21은 신명기 32:35, 잠언 25:21-2에 근거하여 다음의 권고를 하고 있다.

아무에게도 악을 악으로 갚지 말고 모든 사람 앞에서 선한 일을 도모하라
할 수 있거든 너희로서는 모든 사람과 더불어 화목하라

"내 사랑하는 자들아 너희가 친히 원수를 갚지 말고 하나님의 진노하심에 맡기라" 기록되었으되 "원수 갚는 것이 내게 있으니 내가 갚으리라"고 주께서 말씀하시니라 (신 32:35)
"네 원수가 주리거든 먹이고 목마르거든 마시게 하라 그리함으로 네가 숯불을 그 머리에 쌓아 놓으리라"

악에게 지지 말고 선으로 악을 이기라.

이미지의 의미(The Meaning of the Image)

로마서 12장에서는 숯불(20절)의 이미지로서 어떻게 원수에게 사랑을 보이는가를 설명하고 있다. 이 이미지가 무엇인가에 대해서는 수세기 동안 많은 논란이 있었다. 바울이 인용한 잠언의 말씀은 주의를 요한다. 잠언 25장 21-22은 다음과 같다 "네 원수가 배고파하거든 음식을 먹이고 목 말라하거든 물을 마시게 하라. 그리 하는 것은 핀 숯을 그의 머리에 놓는 것과 일반이요 여호와께서 네게 갚아 주시리라."

원수를 사랑하라는 윤리적인 격언 속에 있는 '숯불'이란 어떤 의미일까? 세 가지의 해석이 기독교역사에서 주된 주장이었다. 그 중에 둘은 적어도 4세기부터 되어진 해석이다. '숯불'은 1) 부끄러움의 상징, 2) 회개, 3) 신적 정의의 이미지로 해석된다.

첫 번째 해석은 어거스틴(354-430)에 의해 주장된 것으로서 친절함을 보임으로 적들이 부끄러움을 느끼고, 회개와 화해를 부른다는 것이다. 이러한 관점은 고대 이집트의 Instrustion of Amen-Em-Opet에 잘 나타나 있다.

"너 분노의 사람아, 지금은 어떠한가?
그는 울부짖고, 그의 소리는 하늘에 닿았다
오! 달이여, [그에 대항하여] 죄를 뒤집어 씌우소서

악한 사람이 지나가도록 조종하소서
　　왜냐하면 우리는 그와 같이 행하지 못하나이다
　　그와 그의 팔을 들어 세우시고
　　그를 신의 팔 안에 두소서
　　그의 뱃속에 당신의 빵을 채우소서
　　그를 주저앉히고 부끄럽게 하소서" [1]

　이러한 해석은 구약성서에서 쓰이는 해석과는 반대적인 것이다.

　두 번째 해석은 첫 번째의 해석처럼 긍정적인 면을 가지고 있지만, 부끄러움으로 해석하지는 않는다. 오히려 카무아스 설화 (Tale of Khamuas)로 알려진 이집트의 회개의식을 상기시킨다. 이 설화 안에 있는 "손 안에 갈라진 지팡이와 머리에 있는 불의 화로"[2]를 택하여 잘못한 사람의 회개를 지적하는데 사용한다. 이 설화 안에서는 심정적으로 느끼는 것보다 실질적인 회개를 더 중요시한다. 모렌쯔(Siegfried Morenz)는 이 설화 속에 나타난 '숯불'을 잠언과 로마서에 처음 연결시켰다.

　이 둘을 비교할 때 두 개의 의문이 생성된다: 1) 잠언 25장 22절에는 설화에 나오는 갈라진 지팡이가 등장하지 않는다. 설화에서는 두 요소를 다 해결할 수 없다. 더구나 잠언이 언급하는 '숯'과 카무아스의 '화로'는 직

---

1) *Instruction of Amen-Em-Opet* in James B. Pritchard, ed., *Ancient Near Eastern Texts Relation to the Old Testament*, 3ed. with supplement (Princeton, N.J.: Princeton University Press, 1969), 422. 여기에 적절한 구절은 잠언 25:21-22이다.
2) F. L. Griffith, *Stories of High Priest of Memphis: The Sethon of Herodotus and the Demonic Tales of Khamaus* (Oxford: Clearndon Press, 1900) 32, 38, 121, 135.

접 인용했다 하더라도 분명한 다른 의미가 있어 보인다. 2) 카무아스의 작성연대는 푸톨로미 왕가 집권의 중간 시기로 233/232 BCE경으로 추정된다.[3] 비록 카무아스의 회개의식이 앞선 문학적인 문서라 할지라도,[4] 솔로몬의 잠언 작성연대와는 7세기의 차이가 있다(잠언 25:1).[5] 이러한 관점은 지나치게 이집트적인 환경에 적합하지만, 구약성서의 관점과는 거리가 있다.

세 번째, '숯불'을 기독교인의 사랑의 행위를 멸시하는 사람들에게 내리는 미래의 하나님의 징벌이라고 해석하는 크리소스톰(John Chrysostom)의 견해이다. 만일 원수가 은혜를 연장해 줘도 끝까지 회개하지 않는다면, 그는 스스로 하나님의 심판을 자초하는 것이다.[6] 이 무언의 자격은 매우 중요하다, 왜냐하면, 하나님의 용서는 항상 진정으로 회개하는 자에게 허용되기 때문이다.

로마서 12장 20절의 숯불이 하나님의 심판이고, 19절의 메시지를 강조한다는 해석은 세 가지 증거에 의해 지지된다. 1) 구약성서 이미지의 발전

---

3) Siegfried Morenz, "Feurige Kohlen auf dem Haupt," *Theologische Literaturzeitung* 78 (1953): col.188.
4) William Klassen, "Coals of Fire: Sign of Repentence or Revenge?" *New Testament Studies* 9 (1962-3), 343.
5) 잠언 25L1이 솔로몬의 잠언들을 히스기아 신하들이 편집한 것이라고 기록되어있지만, 이 잠언은 솔로몬의 잠언이라고 필자는 생각한다.
6) 크랜필드가 이 주장의 주창자는 아니고 이 주장은 크리소스톰에게로 거슬러 올라간다. C. E. B. Cranfield, *A Critical and Exegetical Commentary on the Epistle to the Romans*, International Critical Commentary on the Holy Scripture of the Old and New Testament, ed. J. A. Emerton, C. E. B. Cranfield (Edinburgh: T & T Clark, 1979)2:649.

2) 이 구절의 분명한 대구법적(parallelism) 문법 구조 3) 본문의 구절이 처한 상황이다.

첫 번째, 구약성서의 숯불의 이미지는 변화무쌍한 하나님의 분노와 심판의 상징이다. 가장 적절한 구절은 시편 140편 9-10절이다.

"나를 에워싸는 자들이 그들의 머리를 들 때에 그들의 입술의 재난이 그들을 덮게 하소서 뜨거운 숯불이 그들 위에 떨어지게 하시며 불 가운데와 깊은 웅덩이에 그들로 하여금 빠져 다시 일어나지 못하게 하소서."

더구나, 시편 18편에서 다윗은 하나님의 분노한 응답과 그의 원수로 부터 그를 구하는 모습을 '숯불'이라고 생생히 묘사한다(12절). 시편 11장 6절에 하나님의 약속을 "불과 유황을 악인들 위에 비오듯이 쏟으시며"[7] 라고 기술한다. 사도 바울은 이러한 설득력있는 이미지를 사용하는 데 있어 이국적 표현을 일상적인 표현으로 대체한 것처럼 보이지는 않는다. 새로운 의미를 구식의 비유법 안에 집어넣었다는 어떠한 요소도 없다.[8]

두 번째로, 로마서 19장 19-20절의 세밀한 구조는 20절의 메시지가 19절을 다시 언급하면서 보완적으로 조직되었음을 보여주는 대칭구조를 볼

---

[7] 에즈라 2서 16:53에 이와 유사한 구절들이 있다. Bruce M. Metzger, ed., *The Oxford Annotated Apocrypha, Revised Standard Version*, expanded ed. (Oxford University Press, Inc,. 1877), 62
[8] 이와 같은 내용은 잠 25:21-22 "네 원수가 배고파하거든 음식을 먹이고 목말라하거든 물을 마시게 하라"에서도 언급된다.

수 있다. 처음 명령 "사랑하는 자여, 보복하지 말라"에는 수동과 능동 두 가지 응답이 평행하게 구성되어 있다. 그러나 (αλλα, alla) 하나님의 진노에 맡기고, 그러나 (αλλα, alla) "네 원수가 주리거든 먹이고 목마르거든 마시게 하라." 개인적인 보복의 포기를 수동태로 표현하고, 능동태로는 선한 일 하는 것을 표현한다.[9] 이러한 기준에서 볼때, 이 친절의 행위들은 하나님의 분노를 야기시키는 것에 비교된다.

세 번째로, 이러한 이해를 도출한 상황의 문제이다. 로마서 12장 19절의 바울이 말한 비보복의 원리는 하나님의 임박한 복수에 대한 복종에 근거한 것이다.[10] 바울이 여기서 말하는 것은 하나님과 교회의 원수들과의 갈등을 피하는 시도와 그것이 실패할 때 어떻게 행동할까 하는 것이다(17-18절).[11] 그러한 상황에서 기독교인은 계속적으로 사랑에 응답하고, 완고한 자들에게 갚아주실 것을 약속하신 하나님의 정의를 믿는 것이다.

이런 방법은 바울이 로마서 2장 4-5에 언급한 것과 동일한 선상에 있다.

---

9) 이 계명은 접속사 γαρ(왜냐하면)에 의하여 두 번 연결된다. 이 사실은 의도적으로 '숯불' 을 19절에 언급한 hksksla의 종말적 보복과 연결시키고 있다고 할 수 있다. John Piper. *"Love Your Enemies": Jesus' Love Command in the Synoptic Gospel and in the Early Christian Paraenesis*,115.

10) 스탕탈은 이 구절은 당시의 독자들에게는 복수에 관련되어 이성적으로 이해될 수 있는 것이라고 말한다. Krister Stendahl, "Hate, Non-Retaliation, and Love: 1QS x, 17-20 and Rom 12:19-21," *Harvard Theological Review* 55(1962), 354.

11) 위의 책 354.

"혹 네가 하나님의 인자하심이 너를 인도하여 회개하게 하심을 알지 못하여 그의 인자하심과 용납하심과 길이 참으심이 풍성함을 멸시하느냐? 다만 네 고집과 회개하지 아니한 마음을 따라 진노의 날 곧 하나님의 의로우신 심판이 나타나는 그 날에 임할 진노를 네게 쌓는도다."

하나님의 친절은 회개를 유도하지만 그러나 회개하지 않는 사람은 분노를 약속받는다.

주께서 갚아주신다는 약속(19절), 원수의 머리에 얹는 숯불덩어리(20절)는 만일 원수가 적개심을 계속 가지고 있는 한, 적의는 계속된다는 조건에서 있는 것이다.[12] 9-21절이라는 보다 넓은 컨텍스트 속에서 19-20절은 기독교인의 독특한 행동이나 기본적인 윤리를 강조할 뿐 아니라, 이 본문은 완고한 원수들과 대면하는 기독교인들을 위로하고, 비록 불의만이 보여진다할지라도, 하나님의 정의가 나타나는 현장을 설명하고 있다. 기독교인들은 그들을 싫어하는 사람에게 이로움을 주기위해 부름 받았으며(14절), 그러나 반복적으로 거절된 은혜는 신적복수에 대한 확신을 갖게 한다(19절).

---

[12] 파이퍼는 "크리스천의 원수사랑은 하나님의 백성들에게 적대 상태를 계속하는 사람들에게 하나님이 복수해 주신다는 신념에 근거한다"고 한다. John Piper. *"Love Your Enemies": Jesus' Love Command in the Synoptic Gospel and in the Early Christian Paraenesis*, 118.

비보복과 보복

그러나 만일 '숯불 덩어리'가 신적 복수의 중요한 이미지라면, 사랑이라는 윤리적 원칙의 핵심을 깨는 것은 아닌지, 개인적 동기의 순수성에 의심을 일으키게 하는 것은 아닐까? 이것은 풍자적인 생각에 가까운데: "너의 원수에게 잘 대해줘라 그리하면 그의 징벌은 더 심해질 것이다."[13] 그러나 그렇지 않다. 그것은 회개하지 않는 완고한 원수들을 대면하는 기독교인들에 대한 위로의 말이라는 것이 더 긍정적인 이해이다. 하나님의 심판은 결코 사랑의 행동을 위한 동기가 될 수 없고, 심판은 오히려 급진적 사랑의 기초 위에 뿌리를 둔다. 기독교인들은 신적 복수의 확신 아래 급진적인 사랑으로 부터 자유로움을 얻는다.[14]

불의에 대한 자연스런 대응은 비난하거나 악에 의하여 당한 피해를 같은 정도로 되갚는 것이다. 이 구절의 서두인 로마서 12장 17절은 "악을 악으로 갚지 말라"는 경고로 시작한다. 그리고 이 사상은 19절의 "하나님의 진노하심에 맡기라"에서 더 깊은 이해를 요한다. 바울이 말한 이 수동태 문장을 다른 말로 바꾸면 "보복하지 말라 그러나 하나님께 양도하라"라고 할 수 있다. 학대받은 사람은 마지막에 하나님이 모든 것을 바르게 만든다는 것을 알고 복수의 권리를 그에게 양도해야 한다.[15] 하나님의 궁극적

---

13) James D,. G. Dunn, *Romans 9-16*, *Word Biblical Commentary*, 9-16, 38B, 675.
14) 쉬라이너는 하나님이 우리를 위해 일한다는 확신은 우리가 사랑을 하고 좋은 일을 하는 것에 대한 인식이다고 말한다. Thomas Schreiner, *Romans*, *BECNT* (Grand Rapids: Baker, 1988), 675.

정의에 대한 축복의 확신은 개인적인 불의의 요구로부터 자유롭게 한다.[16] 이것은 급진적인 사랑의 표현을 허용한다. 그리고 두 번째 큰 계명 속에 스스로 속한다: "보복하지 말라… 그리고 네 이웃을 네 자신처럼 사랑하라"(레 19:18).

로마서 12장 20절은 원수들이 필요로 하는 것이 있음을 묘사하고 있다. 확실하게 마음의 결정을 내려야 한다. 사람을 지배하는 것이 행동인가 아니면 본능인가? 무엇이 필요한 사람이 있는데 그것을 악으로 아니면 선으로 정복할 것인가?(21절) 인간의 본능은 도움을 보류하거나 불행을 흡족해 한다. '악을 악으로 갚는 것'은 악덕 정복자이다. 악을 정복하는 오직 하나의 길은 친절로써 악을 대응하는 것이다. 이 구절에서 말하듯 배고플 때 먹여주고, 목마를 때 물을 주는 행위이다. 이것이 진정한 사랑의 표시이다. "보복하지 말라"는 바울의 논지는 급진적인 친절을 말하는 것이다.

우리는 최근 이러한 거대한 규모의 문제점들에 대면했었다. 2004년 12월 26일, 아무런 경고도 없이 거대한 쓰나미가 북인도양의 섬들과 해변을

---

15) 쉬라이너는 "하나님의 분노에 여지를 남기는 것은 이 본문을 이해하는 데 매우 중요하다. 신앙인들이 권리를 잃거나 잘못 취급되어질 때, 정의롭게 취급되지 못했다는 것 때문에 복수의 욕망이 끓어오른다. 그러나 우리는 원수들의 운명이 하나님의 손에 있음을 하나님이 마지막 날에 갚아 주심을 믿어야 한다…. 믿는 사람은 또한 박해하는 사람들을 위해 기도해야 한다(롬12:14). 이것은 우리의 압박자들의 구원을 기도하는 것이고, 그들의 악에서 돌아오게 할 수 있도록 희망하는 것이고, 우리에게 올 분노를 피하는 것이다. 그럼에도 불구하고 회개하지 않는 자는 심판이 있음을 알 필요가 있다"고 말한다. Thomas Schreiner, *Romans*, BECNT. 673-4
16) 로마서의 상황은 국가의 정의를 논의하는 것이 아니다.(13:4과 비교) 크리스천의 개인적인 윤리의 암시이다. 개인적인 차원에서 예수의 이름으로 범죄가 용서될 수는 있으나, 법정에서의 범죄적인 실행의 책임을 벗는 것은 아니다.

강타했고 천문학적인 사상자를 남겼다(약 20만 명 이상 사망). 가장 심한 타격을 입은 지역은 기독교인들을 가장 탄압하던 지역이었다. 지진의 중심지이며 파괴적인 파도가 시작된 곳 가까이에 있는 인도네시아는 기독교인들이 처형을 받는 지역이라고 알려져 있다. 그러나 바울의 말씀에 응답하듯이 전 세계적으로 기독교인들의 도움이 그곳에 밀려들었었다.

원수에 대한 대응의 양면성은 예수의 가르침과 생애에 나타난다. 첫 번째, 베드로전서 2장 23절에 "욕을 당하시되 맞대어 욕하지 아니하시고, 고난을 당하시되 위협하지 아니하시고, 오직 공의로 심판하시는 이에게 부탁하시며"는 그 예이다. 예수의 평지설교에 "너희 원수를 사랑하며 너희를 미워하는 자를 선대하며, 너희를 저주하는 자를 위하여 축복하며 너희를 모욕하는 자를 위하여 기도하라"(눅 6:27-8)는 말씀은 하나님의 마지막 심판의 축복과 저주의 단락 바로 뒤에 따르고 있다(20-26).

현재에 있어서 예수의 원수사랑의 급진적 명령의 기초는 미래의 하나님의 정의로운 심판의 확신이다.[17] 그것은 확실한 것이다.

지금은 사랑의 시간이다. 지금은 자비의 순간이다. 이것이 바로 어떻게 기독교인이 원수에 대하여 '참사랑'을 보여줄 수 있는가에 대한 대답이다. 사랑은 분노를 하나님께 맡기고 원수의 필요에 친절하게 대할 때 나

---

17) 복(Darrell Bock)은 평지설교의 예수의 사랑은 바울의 윤리의 필수적인 요소라고 말한다. 제자들이 모든 인류를 사랑할 수 있는 것은 하나님이 모든 날 동안 우리에게 정의롭게 대한다는 것을 알기 때문이다. 이것이 설교의 종말론적인 희망이고 정의이며 모든 제자들의 사랑의 윤리의 기반이다. Darrell L. Bock, *Luke 1:1-9:50*, BECNT, (Grand Rapids: Baker, 1994), 567.

타난다. 기독교인들은 모든 사람을 급진적으로 그리고 차별 없이 사랑할 수 있다. 왜냐하면, 정의는 하나님의 심판에 의해 실현될 것이기 때문이다. 그 때의 하나님의 궁극적 정의에 대한 확신은 현재의 급진적 사랑을 자유롭게 한다.

기독교인들은 저주시편에 표현된 신적보복에 대한 저주와 간청을 접한 후, 처음에는 예수와 사도들이 요구한 명령, 심지어는 이전 시대의 윤리에 반대로 나타나거나 뒤엎는 명령을 접하고 당황하게 된다.

그러나 계시가 계속 진보해가면서 원수 사랑과 그것으로 파생된 계명들은 더욱 더 명백히 강조되어 있는 것을 볼 수 있다. 더 나아가 신적 보복의 기대는 종말론적인 초점으로 확대되어 나가는 것을 발견할 수 있다.

덧붙여, 비록 나타나는 빈도가 작고 분명하지 않지만 신약성서는 확실히 유죄의 흔적이 없고 현저히 개인적이고 극단적인 저주를 포함하고 있다. 다음 장에서 이것을 논하자.

8장_ 신약성경의 저주들

그리스도의 경이적인 명령, "너희 원수를 사랑하라"와 바울의 솔직한 권고, "축복하라 그리고 저주하지 말라"는 예수의 오심에 의해 은혜 위에 은혜로 도래된 새로운 시대에 특징적 윤리 형태를 명시하고 있다. 이러한 급진적 요구는 원수 사랑의 윤리 안에서 확실히 진보된 증거가 있다. 구약성서 안에서는 그러한 언어와 명령이 없지만 신약성서의 언어들은 저주시편의 감상적인 표현을 압도하는 것처럼 보인다.

비록, 이 새로운 시대에는 사랑의 요구가 전면에 부각되었고, 그렇지 않다 할 찌라도 이것은 전적으로 새로운 요구이다. 두 큰 계명은 신구약성서 안에 똑같이 남아있다. 그러나 구약성서에는 그 씨가 있고, 신약성서에서는 그 표현이 활짝 만개되었다. 진정, 신약성서의 원수 사랑과 축복은 심화되었고, 윤리적인 적용은 더 광범위해졌다.

비록 드물지만, 저주는 신약성서에서도 발견된다. 신약성서의 저주는 저주시편과 같은 성격을 가진다. 이러한 예문들은 기독교인들에게 '저주할 때'가 언제인지를 이해하게 해준다.

예수: 황폐함의 저주

마가복음 11:14에 실제로 예수의 입에서 말하여진 저주의 예가 있다. 이 저주는 성전으로 가는 도상에, 겉으로는 살아 있으나 열매가 없는 무화과나무를 향한 것이다. 앞뒤 상황을 보면 예수의 무화과나무에 대한 저주는 믿음 없고 열매 없는 이스라엘, 완고하게 예수를 거절한 이스라엘에 대한 저주이다.[1] 이 거절은 예수의 십자가에서 절정을 이룬다. 그리스도의 저주는 예루살렘이 로마에게 함락된 주후 70년의 폐망에서 정점을 이룬다.[2]

그리스도에 의한 거절의 예는 예루살렘입성 이후 일련의 사건들 속에서

---

1) 이 저주는 열매가 없는 무화과나무와 이스라엘에 대한 저주이다. 왜냐하면 무화과나무는 수사법상의 상징이다. 이러한 사용은 고대 근동의 상징세계에서 일반적인 수사법이다.
2) '보복의 날'($\eta\mu\epsilon\rho\alpha\iota$ $\epsilon\kappa\delta\iota\kappa\eta\delta\epsilon\omega s$)은 눅 21:22의 언급이고 이사야 61:1-2을 인용하여 하신 묵 4:18-9의 취임연설을 생각나게 한다. Joel Nobel Musvosvi, *Vengeance in the Apocalypse*, Andrews University Seminary Doctoral Dissertation Series Berrien Springs, Michigan: Andrews University Press, 1993), 17:137)

나타난다. 그 날 예수는 약속된 다윗의 후손 메시아로 무리들에게 환영받는다(막 11:1-11). 이 연속적인 사건은 그가 방금 전에 깨끗하게 정화했던 성전이 곧 파괴될 것이라는 예언에서 정점을 이룬다(13:1-2).

그의 백성들에게 간접적으로 한 거절의 저주(rejection curse)는[3] 그 뒤에 따르는 포도원 농부의 비유(막 12:1-12)에서 더 분명해진다.[4] 이 비유는 하나님의 백성 이스라엘에 대한 장엄한 심판의 비유가 있는 이사야 5장 1-7절의 언어와 이미지가 반추된다.

예수의 저주는 어느 한 시대를 끝내고 새로운 시대를 시작하는 시점을 가리키고 있다. "이제부터 영원토록 사람이 네게서 열매를 따 먹지 못하리라!"(막 11:14).[5] 곧이어 예수는 성전으로 들어가서 성전의 부패를 발견하고 정화하고 "하나님은 마땅히 순수한 예배를 받으실 분이다"라고 말한다.[6] 예수와 그의 제자들이 예수가 성전을 깨끗케 하신 다음 그 길을 다시 돌아올 때, 베드로가 그 나무를 보고 그리스도의 저주가 이루어진 것을 보았고 "랍비여 보소서 저주하신 무화과나무가 말랐나이다"(21절)라며

---

[3] 이 저주는 간접적이다. 그러나 이 저주의 실현은 지금까지 있었던 어떤 것보다도 더 공포스러운 것이다(마 24:21; 막 13:19; 눅 21:22-23)
[4] 마 21-24의 진행을 눈여겨 비교하라, 특히 마 21:43 "하나님의 나라를 너희는 빼앗기고 그 나라의 열매 맺는 백성이 받으리라."
[5] 마 21:19은 "이제부터 영원토록 네가 열매를 맺지 못하리라"와 평행구인 누가 19장에서는 "또 너와 및 그 가운데 있는 네 자식들을 땅에 메어치며 돌 하나도 돌 위에 남기지 아니하리니," 라고 수정하는데 여기에 쓰인 $εδαφιουσιν$(부수다, 메어치다) 는 표현은 시 137:9와 같은 단어를 사용하고 있다.
[6] Mark Moulton, "Jesus' Goal for Temple and Tree: A Thematic Revisit of Matt 21:12-22," *Journal of the Evangelical Theological Society* 41(1998), 564.

놀라서 말했다. 레인은(William Lane)은 이 구절의 의도적인 구조를 다음과 같이 지적한다.

"마가복음서에서 예수의 성전활동은 무화과나무 사건 안에 굳게 끼어져 있다. 마가복음 11장 12-21의 a-b-a 구조는(무화과나무-성전정화-무화과나무) 상호보완적이다. 무화과나무의 잎이 따 먹을 열매가 없는 것을 숨기듯이, 웅장한 성전과 제사는 이스라엘이 하나님이 요구하는 의의 열매가 없음을 숨기고 있다. 두 사건 모두 입으로만 하나님을 섬기고 그들의 마음은 멀리 가 있는 이스라엘에게 심판을 경고하는 예언적인 상징이다."[7]

본문 상황에서의 저주는 무화과나무에 대한 그다지 직접적인 것은 아니다. 무화과나무에 대한 예수의 저주는 회개하지 않은 이스라엘에 대해 제자들을 이해시키기 위한 것이다.[8] 이것은 심판 때에 오실 신적 방문이다.[9] 이 심판은 그 저주에 대한 참된 실현임을 명시한다. 예수의 의도는 성전정화를 끼어 넣는 의도적인 문학적 배열에서 나타난다(막11:12-21). 이것은 그의 백성에 의한 예수의 거절됨과 그 백성에 대한 그리스도의 심

---

7) 레인은 이 구절이 예언자적인 상징적인 표현이기도 하지만 회개하지 않은 백성에 대한 실제적인 저주이기도 하다. William L. Lane, *The Gospel of Mark*, NICNT (Grand Rapids: Eerdmans, 1974), 400.
8) 마가복음 의 11-13장의 넓은 콘텍스트에서 보면 이 해석은 이해될 수 있다. 핸드릭슨은 "이것은 무화과나무가 열매를 맺지 못한 책임을 지고 있는 것처럼 주께서 벌하고 저주를 선언 한 것은 믿기 어려운 것이다. 좀 더 깊은 이해가 필요하며 무화과나무는 이스라엘을 향한 과장된 비유이다"고 했다. William Hendrickson, *Exposition of the Gospel According to Mark*, New Testament Commentary (Grand Rapids: Baker, 1975), 442.
9) 미가서 7:1-4과 비교하라.

판이 표현되는 드라마 같은 순간이다(14절, 18절). 이 저주는 이스라엘을 통하여 역사적으로 활동하셨던 하나님의 계획을 끝맺게 한다. 콜(R. A. Cole)은 예수 행동의 의도를 다음과 같이 설명한다.

"우리가 이것을 이스라엘의 비유로 이해할 때 적절치 못한 질문들로 당황하게 될 것이다… 이스라엘은 말라버렸고 열매도 없다; 70년의 실질적 심판은 이것에 대한 징표이다… 무화과나무 구절에 곧 이어(15-19절) 성전정화 기사가 따라온다. 하나님이 성전에 오셔서 열매를 구했으나 얻지 못했다; 무화과나무 같이, 성전처럼, 그리고 이스라엘처럼, 이 평행구가 정말 그랬던 것처럼 마가복음 13장 1-2절의 예언은 불가피한 것이다.[10]

임의적인 선택이나 우연한 사건과는 달리, 무화나무의 저주는 이스라엘 백성들에게는 친숙한 긴 역사적 상징성을 가진 의도적 사건이다. 이보다 앞서 예수께서 말씀하신 자신의 포도밭에 소출이 없음을 참지 못하는 비유 (눅 13:6-9)와 비교하면, 열매 맺지 못한 무화과나무는 의심할 것 없이 회개하지 않은 이스라엘을 의미하고, 누가복음의 비유는 그 백성의 회개를 긴급하게 요청하는 비유이다(13:1-5). 구약성서에서 무화과나무는 자주 이스라엘 국가로 언급된다. 무성하고 열매가 많을 때는 이것이 평화와 번영과 신적인 축복으로 묘사되고(왕상 4:25; 미가 4:4; 요엘 2:22), 황폐

---

10) R. A. Cole, *The Gospel According to Mark: An Introduction and Commentary*, Tyndale New Testament Commentaries, 2d ed. (Leicester, England: InterVarsity, 1988), 176-7. 이후부터 *TNTC*로 사용함.

하고 시들었을 때는 그의 백성에 대한 하나님의 생생한 징벌로 그려졌다.[11] 예레미아 8:13은 야훼 하나님이 그의 배반한 백성에게 주는 징벌신탁의 예이다.

"여호와의 말씀이니라 내가 그들을 진멸하리니
포도나무에 포도가 없을 것이며
무화과나무에 무화과가 없을 것이며 그 잎사귀가 마를 것이라.
내가 그들에게 준 것이 없어지리라 하셨나니
그들을 진멸할 자를 내가 이미 정하였느니라."[12]

어떤 구절에는, 이스라엘의 포도나무에 대한 하나님의 심판은 광적인 우상숭배와 하나님께 드리는 타락한 예배와 나란히 나타난다(호 2:11-13). 특히 호세아 9장 10절-17절에서는 야훼 하나님께서 이스라엘의 시작을 '무화과나무의 이른 무화과 열매'(10절)로 말하셨으나, 그들의 행위가 악하므로 '내 집(성전)에서 그들을 쫓아내기로'(15절) 약속하셨다. 그리고 '에브라임'(열매가 풍성함)이라 불리는 그들은 오히려 '시들고', '열매를 얻지 못한다'(16절)[13].

---

11) William R. Telford, *The Barren Temple and the Withered Tree: A Redaction critical Analysis of the Cursing of the Fig-tree Pericope in Mark's Gospel and Its Relation to the Cleaning of the Temple Tradition*, Journal for the Study of the New Testament, Supplement Series, ed. E. Bammel et al. (Sheffield England: JSOT, 1980), 1:135.
12) 예 5:17을 보라 여기에서 야훼는 3번씩 묻는다. "내가 어찌 이 일들에 대하여 벌하지 아니하겠으며 내 마음이 이런 나라에 보복하지 않겠느냐" (9, 29; 9:8).
13) 심판의 선언 안에서 이스라엘의 어린이들의 살육은 상황은 반복적으로 이루어진다(호 9:12-14,16; 10:14; 13:16; 눅 19:44).

구약성서에 푹 젖어 있는 마가복음의 독자들은 예수의 열매 맺지 못한 무화과나무의 저주를 이스라엘에 대한 직접적인 심판이고 특별히 그들의 종교적 중심지 성전에 대한 것이라는 것을 쉽게 이해할 수 있다. 여기에서 예수의 방문은 말라기의 예언을 생각나게 한다. 야훼 하나님이 그의 '계약의 메신저'를 성전에 보내, 신적저주 (4:6 חרם)의 위협으로부터 제사장과 그의 백성들을 깨끗케 함을 약속하셨다(말 3:1-5). 성전의 타락과 퇴폐 상황 그리고 백성의 지도자들의 반복적인 거절에 접한 예수는 역설적으로 이러한 저주를 말했다.

사도들: 영적인, 육체적인 저주들

영원한 파멸의 저주

예수의 저주 외에 사도들의 저주도 발견할 수 있다.[14] 갈라디아서 1:8-9에서(비교, 고전 16:22),[15] 바울은 의심할 여지없이 가장 심한 저주 즉 영원한 파멸의 저주를 말하고 있다.

---

14) 성경이 그리스도와 그의 사도들의 입에서 나온 저주를 기록하지만 장소의 적절성이 따른다. 그리스도와 사도들은 크리스천의 삶과 행위를 위한 '본보기'이다 (고전 11:1의 바울처럼). 때때로 하나의 행동이 그리스도와 그의 사도들의 권위에 엄격히 연관되어 확실히 식별할 수 있을 정도의 정형화된 사도들의 윤리로 간주된다.
15) 고전 16:22의 저주는 갈라디아서 1장 "누구든 주를 사랑하지 않는 자는 저주($\alpha\nu\theta\epsilon\mu\alpha$)를 받아야 한다"보다 더 넓은 개념이다.

"그러나 우리나 혹은 하늘로부터 온 천사라도 우리가 너희에게 전한 복음 외에 다른 복음을 전하면 저주를 받을지어다. 우리가 전에 말하였거니와 내가 지금 다시 말하노니 만일 누구든지 너희가 받은 것 외에 다른 복음을 전하면 저주를 받을 지어다!"

저주를 받으리라는 헬라어의 어음표기는 'anathema'($αναθεμα$)이다. 이 단어는(Hellenistic Greek에서) '신에게 성별된 혹은 바쳐진 어떤 것' 이라는 뜻과 '신적인 분노의 나타남 또는 저주 아래 파괴된 어떤 것'으로 사용됐다.[16] 70인 역에서는 히브리어 חרם(herem)을[17] 번역한 것으로 '이스라엘의 거룩한 전쟁'이라는 특징적인 용어로 쓰인다. 어쨌든 야훼 하나님에게 위임된 전적인 파괴를 의미한다. 바울의 용법도 신적인 저주를 나타내는데 사용하지만, 여기에서는 영원한 파멸의 저주로 사용된다. 이러한 용법은 로마서 9장 3절 "나의 형제 곧 골육의 친척을 위하여 내 자신이 저주를 받아 그리스도에게서 끊어질지라도 원하는 바로라."에서도 확실시 되는데, 그것이 백성의 구원을 의미하는 것이라면 "그리스도로부터… 저주받기를" 바란다는 표현을 함으로서 그의 독자들을 놀라게 한다. 바울의 의도대로 저주받을 사람[18]을 악인으로 규정하는 것은 율법주의에 노예가 되어 은혜의 복음을 악용하는 것이다. 구원의 근거와 지속성을 추구하

---

16) Johannes Behm, '$αναθεμα$' TDNT, 1:354.
17) herem은 신 7:26; 13:17; 여6:17-18; 7:11-15에 나타난다.
18) 거짓 선생들에 대해서 이름이 나타나지 않고 바울의 어떤 저주가 있었는가는 분명하지 않다. 딤전 1:20; 딤후 4:14; 엘루마 행 13:10-11.

는 사람들은 실로 제일 거친 비난을 감수한다(유 11-13; 벧후 2:14). 그리스도의 이름이 걸려 있기 때문이다.

게다가 베드로가 마술사 성령의 능력을 돈으로 사려했던 시몬을 만났을 때, "너의 돈이 너를 멸망시킬 것이다!"(행 8:20)라는 저주를 했다. 시몬과 그의 돈에 대한 냉혹한 저주는 파멸의 저주이다($\epsilon\iota\varsigma\ \alpha\pi\omega\lambda\epsilon\iota\alpha\nu$). 만일 그가 그의 태도를 바꾸지 않는다면, 그 저주는 그에게 앞으로 일어날 일에 대한 준엄한 경고로 기능했을 것이다.[19]

비록 사도의 저주가 심하다 할지라도 저주는 오직 죄가 계속되거나 회개하지 않은 곳에 실질적으로 일어났다. 이러한 예는 곧 이어서 회개를 요구하는 바울의 설교에서도 나타난다. "악함을 회개하고 주께 기도하라 혹 마음에 품은 것을 사하여 주시리라"(행 8:22). 그러한 저주의 중심에도 회개와 회복에 대한 희망이 암시적으로 또는 명시적으로 그려진다.

이렇듯 시편 저자와 사도들의 저주에 대한 또 다른 관점을 얻게 된다. 키드너(Derek Kidner)는 화해하지 못하는 모습들에 대해 "잠언 26:2에 까닭없는 저주는 아무에게도 미치지 않는다는 말과 같이 그 저주들은 예언자들의 신탁처럼 항상 조건적이고… 저주의 모든 힘은 완고한 자들의 회개에 모아져 있었다"고 한다[20].

---

19) 베드로의 언어는 명백히 저주이다. 하지만 그의 의도는 그의 회개를 요청하는 협박으로 볼 수 있다. 베드로의 마음 안에는 저주와 위험이 섞여있음을 볼 수 있고 그 둘은 종종 겹쳐서 나타난다. I Howard Marshall, *The Acts of the Apostles*, *TNTC* (Leicester: Inter-Varsity, 1983), 159.
20) Derek Kinder, *Psalms 1-72*, *Tydale Old Testament Commentaries*, ed. D. J. Wiseman (London: Inter-Varsity, 1973), 30

육체적 저주들

사도행전 13:10-11b에는 바울이 바나바와 선교 여행 중에 사이프러스의 로마 총독 수하에 있는 엘루마라는 마술사에게 "모든 거짓과 악행이 가득한 자요 마귀의 자식이요 모든 의의 원수여 주의 바른 길을 굽게 하기를 그치지 아니하겠느냐? 보라 이제 주의 손이 네 위에 있으니 네가 맹인이 되어 얼마 동안 해를 보지 못하리라 하니 즉시 안개와 어둠이 그를 덮어 인도할 사람을 두루 구하는지라"라는 심한 저주를 한다.

서기오 바울이 사도들로부터 하나님의 음성을 듣기를 원할 때, 엘루마가 일어나 총독이 믿지 못하게 하기 위해 심하게 반대했다. 이 시점에서 바울은 그에게 눈이 멀게 하는 저주를 말한다.[21] 이 저주는 구약성서와 다른 고대동방 문서들의 저주와 매우 흡사한 점들이 있다.[22] 비록 마술사의 이름이 바예수, 예수의 아들(6절)이지만, 바울 선교의 성격에 맞추어 그를 '악마의 아들'이라고 불렀다.

부가적으로, 저주가 탈리오법칙(lex talionis)의 구체적 실행을 주목하는 것도 중요하다. 엘루마는 총독의 영적 맹인 상태를 유지시키려 했고,

---

[21] J. Fitzmyer는 바울은 실제로 바예수에게 눈이 멀도록 저주했다. 그리고 그 저주는 곧바로 이루어졌다. Joseph A. Fitzmyer, The Acts of the Apostles, Anchor Bible, ed. W. F. Albright & D. N. Freedman (New York: Doubleday, 1998), 31:500. 이것은 신 28:15 이하의 저주의 계약으로 주어진 심판의 약속과 연결된다.

[22] 행 13:11의 바울의 엘루마에 대한 저주는 신명기 28:28-9과 비교된다. 눈멀음은 고대 동방의 일반적인 저주의 항목이었고 에사하돈의(Esarhardon) 조약에서도 찾을 수 있다. "사마스여. . . 너의 눈을 멀게 하시고 어둠에서 걷게 하여라!" B. Pritchard, ed,. *Ancient Near Eastern Texts Relating to the Old Testament*, 3d ed. with supplement (Princeton, N.J. ,Princeton University Press, 1969), 538.

마술사는 육체적 맹인이 되는 저주를 받았다.[23]

바울의 예는 우리에게 무엇을 보여주는가? 캘빈은 "우리는 복음에 완고하고 하나님을 경멸하는 복음의 적대자들, 특히 다른 사람들에게 복음을 전도하는 것을 방해하는 적대자들을 다룰 줄 알아야 한다. 적어도 바울은 분노하지 않았고, 누가는 단순히 성령의 영감이 그를 인도한다고 말한다."[24] 진실로 누가는 바울이 "성령에 가득 차서"(행 13:9)라고 기록함으로 독자들에게 바울의 행위에 대한 옳고 적절함을 인식하게 한다.

갈라디아 교회에 보내는 바울의 편지에서 개종자들에게 육체적 할례가 구원에 필요한 의식이라고 강요하는 자들에 대해 '육체적'인 차원에서 심한 저주를 한다. "너희를 어지럽게 하는 자들은 스스로 베어 버리기를 원하노라"(갈 5:12). 자제하지 못한 이러한 표현은 듣기에 심히 거북하다. 클라센(William Klassen)은 이 본문에서 "바울은 죄를 범했다. 그리고 이것은 이해되어야 하고 용서되어야 한다. 기독교인의 행동의 모델이 될 어떤 환경이 아니다"라고 결론짓는다.[25]

캘빈은 여기에 대한 목회적인 제시를 한다.

---

[23] 이 눈멀음은 형벌이고 저주와 바울의 회개의 경험의 일시적인 눈멈과 평행을 이룬다. 그 저주는 짧은 시간에 지속됐고 회개와 회복의 문을 열어놓았다.

[24] John Calvin, *Commentary upon the Acts of the Apostles*, (Edinburgh: Calvin Translation Society, 1844), 1:508).

[25] William Klassen, "Love Your Enemies': Some Reflections on the Current Status of Research," in *The Love of Enemy and Nonretaliation in the New Testament*, ed. W. M. Swartley (Louisville: John Knox, 1992), 21.

"바울이 사랑의 율법을 반대했다 할지라도, 그를 비난해서는 안 된다… 이것은 전 교회보다 개인에게 더 호의를 베푸는 잔인한 자비이다. 한편으로 위험에 빠져 있는 하나님의 백성이 보이고, 다른 한편으로, 마귀가 우는 사자 같이 두루 다니며 삼킬 자를 찾는 것(벧전 5:8)을 본다. 나의 교회를 돌봄이 내 생각을 삼키게 하고, 구원이 사자의 멸망에 의하여 구해지도록 할 수 있겠는가? 나는 어느 누구도 이러한 방법으로 멸망하기를 원하지 않는다. 교회에 대한 나의 사랑과 호기심은 어떤 것과도 비교할 수 없는 어떤 종류의 황홀감으로 나를 인도한다. 모든 참다운 교회의 목사는 이런 열정으로 불 타오를 것이다."[26]

하늘에 있는 순교자들: 신적 복수의 청원

계시록 6장 10절에 있는 순교자들의 외침은 높고 높은 하나님의 법정에 대한 호소이다. 무스보스비(Joel Musvosvi)는 주장하기를 "청원은 정의의 잘못된 실행이 야기한 순교자들의 정죄와 죽음의 결과물이다."[27] 순교자들은 약속된 정의를 요구한다: "거룩하고 참된 주여, 당신이 땅 위의 백성들을 심판하실 때, 우리의 피를 갚아 주실 때가 언제입니까?"[28] 이 간구는 신명기 32장 43절의 모세의 노래에 있는 "그 종들의 피를 갚으사"와

---

26) John Calvin, *Commentaries on the Epistles of Paul to the Galatians and Ephesians*, trans. W. Pringle (ER, Grand Rapids: Eerdmans, 1948), 157.
27) Joel Nobel Musvosvi, *Vengeance in the Apocalypse*,158. 복수의 부름은 순수한 피를 흘리게 하고, 더구나 주인에게 대한 복수의 청원은 계약적인 동기에서 이해해야 한다.
28) Beale은 '얼마나' 라는 표현에 관심을 갖는다. G. K. Beale, *The Book of Revelation*, New International Greek Testament Commentary, ed. I. H. Marshall & D. A. Hagner (Grand Rapids: Eerdmans, 1999), 392.

같은 의미가 있다. 이러한 요청이 저주시편의 근간을 이룬다.

다음의 시편들은 그 예이다.

> 여호와여 어느 때 까지니이까 영원히 노하시리이까 주의 질투가 불붙듯 하시리이까
> 주를 알지 아니하는 민족들과 주의 이름을 부르지 아니하는 나라들에게 주의 노를 쏟으소서
> 주의 종들이 피 흘림에 대한 복수를 우리의 목전에서 이방 나라에게 보여 주소서
>
> – 시편 79:5-6, 10

> 여호와여 복수하시는 하나님이여 복수하시는 하나님이여 빛을 비추어 주소서
> 세계를 심판하시는 주여 일어나사 교만한 자들에게 마땅한 벌을 주소서
> 여호와여 악인이 언제까지, 악인이 언제까지 개가를 부르리이까[29]
>
> – 시편 94:1-3

요한 계시록은 순교자의 외침에 응답하는 하나님의 모습에 대한 발전과정을 보인다. 예를 들면, 하나님 심판의 실현을 찬양하는 계시록 16장 5-6절은 "내가 들으니 물을 차지한 천사가 이르되 전에도 계셨고 지금도 계신 거룩하신 이여 이렇게 심판하시니 의로우시도다. 그들이 성도들과 선지자들의 피를 흘렸으므로 그들에게 피를 마시게 하신 것이 합당하니이

---

[29] 시편 94편의 분위기는 저주시편의 분위기와 비슷하다. "여호와여 그들이 주의 백성을 짓밟으며 주의 소유를 곤고하게 하며 과부와 나그네를 죽이며 고아들을 살해하며…"에서처럼 복수에 대한 외침을 자신들의 불평 속에서 한다.

다 하더라." 계시록 18장 20절의 "즐거워하라 하나님이 너희를 위하여 그에게 심판을 행하셨음이라 하더라." 또한 계시록의 정점에서 하늘의 무리들이 소리 질러 "할렐루야 구원과 영광과 능력이 우리 하나님께 있도다 그의 심판은 참되고 의로운지라 음행으로 땅을 더럽게 한 큰 음녀를 심판하사 자기 종들의 피를 그 음녀의 손에 갚으셨도다"(계 19:1b-2).

토마스는(Robert L. Thomas) 순교자들이 하늘의 거주할 곳을 보장받은 조건은 그들의 기도 생활에 있어서 이기적인 동기가 없다는 것을 언급한다.[30] 이 땅에 있는 성자들의 기도에는 정의가 필연적이지만 그 청원하는 내용은 매우 충격적이다. 완전한 성자가 이와 같이 기도하는 것이 가치 있다 한다면, 그 기도는 아마도 타락한 지구에 거하는 자들을 위한 것이라고 추정할 수 있다.[31] 더구나 신적복수의 신학적 근거를 제시해 준, 그리고 순교자들의 등장이 암시적으로 연결된 모세의 노래(신 32장)가 계시록 15장 3절에 언급되어 있다.[32] 거기에서 마지막 시대에 하늘의 성자들이 약속된 그리스도의 심판이 이루어짐을 노래를 하는 '하나님의 종 모세의 노래 그리고 어린양의 노래' 를 볼 수 있다

매우 적지만, 명확히 신약성서에도 '저주 할 때' 에 대한 언급이 발견된

---

30) Robert L. Thomas, "The Imprecatory Prayers of the Apocalypse," 126 (1969):130.
31) 여기에 제시된 순교자는 그리스도의 복음을 위해 죽임을 당했던 평범한 신앙인들이다. 하늘의 성자들로 부터 기록되어진 크리스챤을 대표하는 이 저주는 이러한 요청이 나쁜 것이 아님을 제공한다.
32) 악명 높은 15:3은 미래에 올 하나님의 복수의 원리를 제공한다. 이 보복은 모세의 노래 (신 32장)의 후반부의 중심점이다. 계시록은 이 양의 노래를 기술적으로 연결했고, 이 도살당한 양이 마지막에 하나님의 복수로 돌아올 것임을 정점으로 만들었다.

다. 무화과나무에 대한 교훈적인 저주는 이스라엘 나라에 대한 예증이었다. 종교지도자들이 오랫동안 죄악(iniquity) 가운데 있었고, 모든 사람들이 그 결과를 참아 왔고, 예루살렘과 성전 파괴로 심판이 실현되었다.

사도 베드로와 바울은 은혜의 복음을 멸시하거나 파괴하려는 사람들에 대하여 영원한 저주를 퍼부었음을 알게 됐다. 바울은 역시 육체적 저주를 말하는 것도 피하지 않았다.

하늘의 완전한 순교자들은 그들의 응답받지 못한 쓸쓸함으로 인해 피의 복수를 부르짖었고, 시편의 저주와 비슷한 충격적인 언어를 사용했다.

구약의 저주들과 같이 신약의 저주들도 완고한 반역자들과, 신앙인들에게 위험하거나 범죄적인 사람들에 대하여 행하여졌다. 그 저주들은 성서 자체가 제시하듯이 모두 정당화되고 있다. 복수를 위해 저주를 울부짖고 하나님의 임재를 요청하는 것이 신구약성서 모두에 표현되어진 원수 사랑의 윤리와 축복과 같은 맥락으로 다루어지는 것은 놀라운 일이다.

❖ **결론**

 이 책은 저주시편들이[1] 기독교회의 생활 속에서 적절히 위치하고 있다는 전제를 가지고 논쟁도 하고 방어하기도 했다. 하나님의 현존이 있던 시대에는 시편에 있는 것처럼 사람들이 하나님과 그 백성들을 대항하는 원수들에게 신적 복수를 위해 기도하는 것이 합법적이었다. 그러한 표현은 구약성경의 윤리에 계속적으로 나타나 있고 신약성경에도 그 여운을 발견할 수 있다.

 이러한 주장의 근거는 첫째로, 저주시편 안에 토라의 원리가 있다는 것이다. 그러한 신학의 원칙들은 모세의 노래에 표현된 신적 복수에 대한 약속에서 잘 나타나 있고, 신적 정의의 원칙은 탈리오법칙에 개괄적으로 나오고, 신적인 저주와 축복의 확신은 하나님과 그의 백성의 계약에서 형성된 것이다. 두 번째로, 이러한 신학은 경전의 마지막까지 계속적으로 이어지고, 자주 나타나지는 않지만 신약성경의 저주들을 밑받침해주고 있다.

 특히 저주시편들에는 중요한 관점들이 나타난다.

 첫째로, 저주시편에서 경건한 자들의 보복요청은 결코 사람에 의하여

---

[1] 이런 류의 저주시편들은 하나님의 백성의 적들의 몰락의 탄원으로 특징지어진다. 이러한 애원들은 직 간접적으로 하나님의 복수를 청원한다.

수행되지는 않는다. 그 간구는 내적으로 외적으로 항상 하나님께로 요구되었다. 보복의 실현은 오직 하나님께 속한 것이었다.

둘째로, 특징있게 감동적인 저주의 간구는 계약된 하나님의 약속에 근거한다. 이 약속이 있는 성경구절은 "너를 저주하는 자는, 내가 저주할 것이다"(창 12:3) 그리고 "보복은 내 것이다, 내가 갚으리라"(신 32:35)이다.

세 번째로, 두 구절 모두 하나님의 백성들이 저주를 하거나 보복을 위해 울부짖었던 예들이 있었다는 증거이다. 비록 제한적이거나 적절한 상황이 문제가 되지만 그들의 저주에는 정당성이 있다. 성서는 하늘에 계신 하나님의 완전한 성자들이 신적 보복을 위해서 시편의 저주 언어들을 회상하며 사용한 기록들이 있다. 그들은 하나님의 심판이 가까이 왔다는 확신에 위로를 받았다(계 6:9-11).

저주들이 일괄적으로 극단적인 성격을 가지므로 시편에서 사도시대에 이르기까지 저주의 상황들을 인식하는 것은 매우 중요하다. 시편의 저주들은 선을 계속적으로 악으로 갚거나, 광폭하거나 악하거나 불의함이 원수들에게 내려진다. 저주시편의 대상은 권위의 남용, 불쌍한 자들을 압박하거나, 악한 행동에도 처벌받지 않는 사람들이다. 그러한 상황에서 저주의 청원은 계약의 하나님과 스스로를 정의의 하나님으로 알게 하려 하시는 하나님께 올려진다.

성경 속에 서술된 도덕성의 본질이 그리스도 자신의 선포 속에 지속적으로 나타남을 주시해야 한다. 신적 요구와, 하나님의 행동과 특징에 기초된 하나님 백성의 특징적 윤리, 이 모든 것에 우선하는 것은 사랑, 즉 하나님 사랑과 이웃사랑이다. 특별히 후자의 계명에 잠재되어 있는 저주가 드러나고, 심지어 예수의 초기 가르침에서 더 강조되고 설명 된다. 또한 '이웃 사랑' 이 '원수 사랑' 으로 발전되었음을 볼 수 있다.

이러한 '원수 사랑' 의 확장은 하나님 백성이 중심에서 주변적인 실체로 변환되는 성취의 시기와 연결되어 있다. 구약성경에서 하나님의 백성은 원수들의 나라에 의하여 둘러 싸여 있다. 그들의 생존의 필요성과 하나님 약속의 성취는 신중하게 극복하는 자세가 요구되었다. 그러나 약속의 정점으로서의 성령의 임재와 함께, 시대의 최고점으로서 그리스도의 오심으로 나라들이 은혜의 복음을 개방하고, 원수사랑을 좀 더 명백히 깨닫고 있으며, 그것이 남용되는 것을 절제하고 있다.

신구약 두 성경의 다른 상황이 다른 이해와 인식의 정도를 보여준다. 신약성경에는 저주와 일시적인 심판조례가 덜 강조되어있다. 이것은 종말적인 심판의 기대 속에 빈번하고 노골적으로 '친절' 을 요청하고 있기 때문이다. 또한 신약성경에는 근본적으로 원수의 개념이 명백하게 영적인 차원에서 다루어진다.

그러나 이러한 차이는 종류의 차이가 아니고 정도의 차이이다. 약간은 부드러워졌지만, 원칙적으로 '사랑' 과 '축복' 은 구약성경과 같이 신약성경의 주도적인 주제이다. 저주문구들은 이러한 주제들의 부수적인 것이며 극단적이고 보충적인 예들로써 구성되었다. 신약성경 역시 시편의 저주가 정당화 된 것처럼 같은 합법적인 근거를 갖고 있다. '원수 사랑' 과 '원수 저주' 는 조화로운 긴장관계를 가지고 신구약성경에 나타나 있고, 그것들이 어떠한 섭리로 나타나든지, 하나님의 백성들에 의해 올바르게 취급 되어져야한다.

시편에 나타난 원수에 대한 저주의 구절들과, 기독교인들의 윤리적 요청인 "원수를 사랑하라" 그리고 "축복하라 그리고 저주하지 말라" 사이에 어떤 화해와 조화가 이루어져 있는가? 하는 것이 이 책의 서두에 했던 질문이다. 이 질문은 다른 세계관을 가진 사람들에 의해 기독교인을 향한 적대적인 의식이 증가된 오늘의 시대에 더 적절한 질문이다. 신적복수의 개념에는 주된 결점이 있다. 이 결점은 원수에 대한 하나님의 복수가 적으로부터 그의 백성들을 구한다는 이면적인 필연성으로 이해할 때 어느 정도 완화된다.

1장은 기독교인과 이러한 시편들과의 관계에 대한 원칙적인 해결책을 연구했고, 그 해결책이 신구약성경에 의하여 합법적으로 평가됨을 제시했다. 저주시편은 다음과 같이 설명될 수 있다.

1. 저주는 완전히 피해가든가, 아예 포기하고 하나님께 고하든가 상관없이 사악한 감정이 표현된 것이다. 이 입장은 하나님에 의해 영감 받은 저주 시편과 그저 경전 속에 섞여 들어온 시편들의 많은 저주를 적절히 구별해 내는 것에 실패한다. 이것은 또한 구약신학의 기초로 비추어 본

시편저자의 경건성과 그들의 윤리적 합리성, 그리고 저주 언어의 합법성, 그리고 신약에 나타나는 유사한 저주에 대해 충분한 설명을 해 주지 못한다.

2. 옛 계약의 도덕적 성격을 유지하는 저주가 있으나, 새로운 시대의 에토스(ethos)와는 연속성이 없다. 이 입장은 두 신구약 사이의 진보적 계시 활동에서 사랑의 정의를 지나치게 제한하고 근본적 윤리의 연속성을 최소화시키고 있다. 이것은 아브라함적 약속의 지속적인 유효성과, 신약성경의 개인적인 저주의 실체를 설명하기에 불충분하다.

3. 저주는 예수 그리스도의 십자가와 관련하여 예수가 직접 적절하게 언급한 말들과, 그리고 계속하여 그를 따르는 제자들에 의해서만 언급된 것이다. 이 입장은 다윗적인 위치나 기능을 그리스도적인 타입으로 과장되게 나타내지만, 저주가 이루어진 역사적 상황이 과소하게 그려지고, 다윗이 모든 시편의 저자가 아닌 것에 대한 문제를 얼버무리고, 성경 속에 있는 다른 여러 저주들을 그냥 내버려두게 된다.

이러한 관점은 여러 가지 이유에서 만족스럽지 않을 뿐 아니라, 오히려 만족할 만한 결론이 필요하다는 생각을 자아내게 한다.

제2장에서는 저주시편들을 일상적인 생활의 한 면이었던 저주의 고대

동방의 상황 속에서 생각해 보았다. 저주들은 조약 안에서 많이 쓰여졌고 무덤의 비문들에서 많이 발견할 수 있었다. 덧붙여서 고대의 동방 지역에는 합법적인 저주와 비합법적인 저주 사이에 분명한 구별이 있었다. 사귀들의 육화는 비합법적인 저주였고, 종주국에 대한 봉신조약과 시편에서는 합법적으로 쓰였다. 더구나 합법적인 저주의 실행은 청원을 받아드리는 판단자의 신 앞에 인도되었다. 신실한 이스라엘에게는, 저주의 성취는 오직 활동하는 하나님의 성격에 의존했다

제2장에서는 세 개의 거친 저주시편이 사용되었다. 저주의 울부짖음은 극단적인 상황에서 나오고 성서적 신학적 이해를 가지고 있다. 세 개의 시편을 택한 것은 저주시편의 대표적 작품이기도 하지만, 저주시편 가운데 가장 악랄하고 거칠며 생생한 표현이 있기 때문이다. 여기에 발견되어진 정의가 모두에게 만족스럽게 적용될 것이다.

시편 58편의 저주는 사회적 절망의 상황에서 나온다. 법정관리들은 그들의 힘을 악한 일과 그들의 목적을 위해 사용한다. 그들은 계속적으로 그리고 폭력적으로 하나님의 정의에 반대하며 그들의 지위를 악용하고, 불쌍한 자를 보호하는 대신에 간원들은 그들을 박해하고 그들을 먹잇감으로 만들었다. 시편저자의 저주는 신명기 32장 '모세의 노래'에 근거한 신적보복의 약속 안에서 그들의 동기를 발견한다. 하나님의 보복을 깨닫고 즐거워하는 율법의 시적인 부분은 신약의 끝까지 나타나고 있다(계 15:3; 18:20; 19:1-2).

시편 137편은 바벨론 포로시기의 상황에서 불리운 노래이다. 고대의 전쟁 포로의 말할 수 없는 공포와 잔인함 속에서 경험된 종교적인 국가적 재난의 상황이다. 이런 섬뜩한 축복의 으뜸가는 바탕은 탈리오법칙에 표현된 신적 정의의 원리이다. 법은 개인적인 보복을 위한 것이 아니라, 모든 시민 법정 형태의 보상이다. '탈리오 식의 정의'에 대한 요청은 성서 전반을 통해서 신약의 끝까지 표현되어 있다(딤후 4:4; 계 18:6).

시편 109편의 저주기도는 절망적인 궁핍의 상황에서 나타난다. 다윗은 그의 지속적인 사랑과 선을 위해서 악한 자들과 탐욕자들에 대하여 보복한다. 다윗은 창 12:3에 표현된 하나님과의 계약의 약속, "그의 백성을 저주하는 자는 저주받으리라"에 근거하여 기도하고 있다. 아브라함적 약속은 계속적으로 역시 신약성경에도 나타난다(갈 1:8-9; 3:6-29).

제3장에서는 신약성경과 관련되어 있다. 특별히 예수의 말씀 "원수를 사랑하라"(마 5:44)과 바울의 "축복하라 그리고 저주하지 말라"(롬 12:14)를 그들의 상황과 저주시편들과의 관계에서 살펴보았다.

파격적인 예수의 명령은 구약성경의 계명과 달라 보이지는 않는다; 그는 율법을 폐기하러 온 것이 아니라 성취하러 왔다(마 5:17). 예수의 명령은 오히려 레위기 19장에 나타난 '이웃 사랑'을 더 강조하고 있다. 분명히 예수는 '이웃'에 원수를 포함하여 사랑을 더 넓게 설명하고 있다. '원수 사랑'은 하늘에 계신 하나님의 차별 없는 친절한 모습을 따라 필수적으로 보여지도록 준비된 것이다. 저주를 피하고 축복을 주라는 바울의 가르침은 "참사랑"(롬 12:9-12)이라는 주제 하에 기독교 윤리의 특징을 나타낸다. 저주시편과 바울의 저주와 관련되어 진퇴양난에 빠진 사람들의 더 넓은 해결책은 "빨리 축복하고 저주하기를 더디하라"라는 말에서 찾을 수 있다.

덧붙여, 로마서 12장 20절 '숯불'의 난해한 이미지는 여러 가지 역사적 상황과 성서적인 배경에서 시험해 보았다. 이 이미지는 수치의 상심이나 참회의 징조라기보다는 신적 심판의 상징으로 보여진다. 일차적으로 종말적 신적 복수에 대한 확신은 기독교인들이 그들을 싫어하는 사람들에게 본능을 따르지 않고, 친절을 베풀어야 한다는 급진적 사랑의 명령 배후에 자리하고 있다. 하나님의 궁극적 정의에 대한 확신(그때)은 기독교인들의 급진적인 사랑(현재)을 자유롭게 만들어준다.

일반적으로는 생생하게 나타나는 경우가 매우 적지만, 몇 가지 신약의 저주도 예로 인용되었다. 이 본문들의 어떠한 경우에도 하나님은 그들의 청원과 심판을 인정하지 않고 있다.

예수의 사역를 정리하는 마지막 순간에 등장하는 악명 높은 무화과나무의 저주는 메시아를 거부한 이스라엘의 열매 없고 신앙 없음을 말하는 예증이다(막 11:14). 이 저주의 마지막 상징은 예루살렘의 멸망이다.

두 번째로, 바울과 베드로가 말한 것으로 그리스도의 복음을 악용하는 자들에 대한 저주이다(갈 1:8-9; 행 8:20). 하나는 갈라디아의 유대주의자들이고 다른 하나는 마술사 시몬이다. 마지막으로 하늘에 있는 순교자들의 입에서 나온 시편의 저주들과 매우 비슷한 신적복수의 청원이다(계 6:10).

신약성경의 증거는 두 가지이다. 첫째는 '원수 사랑과 축복'은 더욱 강조되었고, 윤리적인 함의는 더욱 더 확장되어 적용된다. 둘째로, 어떤 면에서 저주가 정당화되는 것은 저주시편에서와 같이 '원수 사랑'과 축복의 윤리 안에서만 저주에 대한 언급이 허용될 수 있다고 주장하는 것이다.

신구약 모두에서 '사랑과 축복'이 믿는 사람에게 주도적인 윤리라는 점에서, '저주와 하나님의 복수를 청원'하는 것은 믿는 이들의 극단적인 윤리를 반영한 것이다. 그것은 극단적인 상황, 즉 거만함, 거짓, 폭력, 비도덕, 그리고 비정의에 대항한 합법적인 방책이다.

기독교인들은 하나님의 모습을 따라 계속적으로 화해와 오래 참음과 용서와 친절을 추구하는 소명을 가지고 있다. 하나님으로부터 직접적으로든, 주 정부나 법정과 같은 대변자들을 통해서든, 정의는 이루어져야 한다는 입장도 갖고 있다. 이러한 반응은 하나님을 본보기로 하여 형성되어진 것이다. 예를 들면 가나안 주민들은 400년 동안 하나님의 긴 고통을 경험했다. 그들의 요청은 완전하게 이루어졌고 하나님의 심판은 적중했다. 그와 같이 출애굽의 이스라엘도, 그들의 배반의 행동과 불신앙에도 불구하고 결국 그들이 약속의 땅으로 들어가는 것을 막지 못했다.

성경에는 그리스도와 경건한 자와 유사한 모델이 있다. 특별히 신약성경의 메시지는 부적절한 저주시편의 요청과 대비적으로 나타난다. 원수를 만날 때 '사랑'과 '저주'의 이율배반적인 만남은 신비이지만 이것은 조화를 이루어야 한다. 그러나 이것은 이율배반적인 것이 아니고 보완적임을 충분히 이해할 수 있다. 신구약성경에는 원수에 대한 두 가지 행동이 나타난다. 그 하나는 하나님이 그의 백성에게 보여준 특징적인 사랑이고, 또 하나는 하나님의 백성이 계속되는 완악한 불의, 원수, 그리고 큰 압제에 직면했을 때 사용된 극단적인 예로서의 윤리적 반응이다. 하나님의 모습은 반복적인 은혜를 보여 주고 하나님의 백성들은 진실로 하나님의 형상을 반영한다. 은혜가 반복적으로 무시되었지만 벌을 강제로 몰아낸다. 이러한 견지에서 하나님의 백성들은 열악하고 계속되는 불의로 고통하는 자신들을 보면서 하나님의 정의를 부르짖고 하나님의 보복을 청원하는 것을 정당화하는 원리로 삼는다.

그 저주 본문들은 현대에 사는 하나님의 백성들에 의하여 주로 잊혀진 의뢰를 다시 회복시켜야 한다. 이 의뢰는 보복자이신 하나님이 답하실 것을 알고 있기에 그 분 앞에 불려져 나와야 한다. 경전 속에 계속되어온 이 기도들은 힘이 없는 절망 가운데 하나님께서 교회에 약속하신 힘의 원천이 된다.[2] 심각한 폭력에 직면해 있는 상황에서 그 기도는 하나님의 정의가 진실로 실현되어져야 할, 그리고 이 삶의 끝에서가 아니고(데후 1:6-

---

2) 아담스는 "거룩한 기도하는 사람들이 계속적으로 성령안에서 이해를 가지고 기도하면, 거기에는 기대하지않은 힘과 그리스도교회의 영광이 올것이다"라면 이 의견에 반대한다. James E. Adams, *War Psalms of Price of Peace: Lesson from the Imprecatory Psalms* (Phillipsburg, N.J.: Presbyterian &REformed, 1991), xii.

10) 한 생애 동안 머무는 이 땅 위에서(시 27:13) 이루어져야 할 기독교인의 희망이다.

이와 같이, 기독교인들은 저주시편 속에서 하나님이 주신 힘과 명예의 원천을 발견할 수 있으며, 또 그것을 개인적인 예배 안에서 적절히 사용하도록 허락하심을 느낄 수 있다.[3] 이 안에서 기독교인들은 '친절과 하나님의 엄격성'(롬 11:22)이 주는 원천적 긴장을 유지해야 한다. 이것은 신앙의 이전 세대 역시 직면했었던 긴장이다. 저주시편들은 전쟁은 '미친 짓' 임을 알려준다. 그것은 결국 희생자들과 배반자들, 그리고 승리가 존재하는 반대 세력들 간의 전쟁이다. 그러한 전쟁에서의 주 무기는 복음의 양극적 메시지 즉 달콤한 수동적인 메시지가 아니고 삶과 죽음 그 자체의 메시지이다.[4]

---

[3] 보스(Johaness Vos)는 "개인적인 예배 속에서 반복되는 주님께서 가르쳐 주신 기도를 보면, 교회는 사탄의 왕국의 파괴없이 하나님의 나라는 올 수 없음을 배워야 한다. 악은 그것을 영원히 인식하는 사람의 파괴없이는 파괴되지 않는다"라고 한다. Johannes G. Vos, "The Ethical Prblem of the Imprecatory Psalmw," *Westminister Theological Journal* 4 (1942):138.

[4] 에드워드는 "오늘날 성경의 약속의 돌출과 이것의 위험의 감추임이 서로에게 중립적으로 영향을 주는 것은 매우 실망스러운 것이다. 종교가 너무 광대하고 다양해서 가끔씩 어떤면에서 안전성을 상실한다. 종교가 영원한 저주의 위험을 거부하는 복음적인 측면이나, 삶과 죽음의 변환, 도덕적인 절대기준, 유연성있는 법적인 대응대신에 단지 즐거운 모임의 사교장이 되고 달콤한 충고의 모임으로 변환되는 것은 매우 유감이다"라고 밝힌다.

정의를 위한 울부짖음

2008년 4월 25일 초판 1쇄 발행
지은이 • 존 N. 데이
옮긴이 • 송순열
발행처 • 선교횃불
등록일 • 1999년 9월 21일 제54호
등록주소 • 서울시 송파구 삼전동 103번지
전　화 • 02-2203-2739
팩　스 • 02-2203-2738
http://www.ccm2u.com

총 판 • 선교횃불

ⓒ선교횃불
　이 출판물은 저작권법의 보호를 받는 저작물이므로
　무단복제를 금합니다.